ALEJANDRO CANÓNICO-SARABIA*

LA REGULACIÓN DEL BUEN GOBIERNO EN LA MARGARITA DE 1594

Centro para la Integración y el Derecho Público

FACULTAD DE CIENCIAS JURÍDICAS Y POLÍTICAS
INSTITUTO DE DERECHO PÚBLICO ALLAN BREWER-CARÍAS

* Abogado. Doctor en Derecho. *Magister Scientiarum* en Historia Regional de Venezuela. Profesor en la Universidad Villanueva (ROR 02fn69884). Investigador invitado del Instituto de Derecho Público "Allan Brewer-Carías" de la Facultad de Ciencias Jurídicas y Políticas de la Universidad Central de Venezuela. alejandro.canonico@villanueva.edu. ORCID: 0000-0002-6940-5087

Cita sugerida:
Alejandro Canónico-Sarabia, *La regulación del buen gobierno en la Margarita de* 1594 (Caracas: Centro para la Integración y el Derecho Público e Instituto de Derecho Público "Allan Brewer-Carías" de la Universidad Central de Venezuela, 2026)

Primera publicación: Centro para la Integración y el Derecho Público (CIDEP) e Instituto de Derecho Público de la Universidad Central de Venezuela, Venezuela, 2024.

ISBN: 979-8-90529-004-6

Publicado por
CENTRO PARA LA INTEGRACIÓN Y EL DERECHO PÚBLICO
Un sello editorial de CIDEP LLC
www.editorial.cidep.online
editorial@cidep.online

Coeditado por
Instituto de Derecho Público "Allan Brewer-Carías" de la Facultad de Ciencias Jurídicas y Políticas de la Universidad Central de Venezuela
Caracas, Venezuela
https://www.idpucv.net
direccion@idpucv.net

A mis amados padres, Chela y Agustín,
quienes tomaron la acertada y
trascendental decisión de anclarnos en
nuestra maravillosa Isla de Margarita.

ÍNDICE

PRESENTACIÓN

La preservación de la memoria de las instituciones jurídico-públicas es un asunto al que el Instituto de Derecho Público de la Universidad Central de Venezuela ha venido prestando cada vez una mayor atención.

Cierto es que el análisis y la investigación sobre los acontecimientos contemporáneos y sus implicaciones jurídicas tienen una importancia evidente; pero también es cierto que las figuras y conceptos jurídicos actuales sólo pueden ser comprendidos cabalmente en la medida en que se conozcan sus antecedentes, su origen, su evolución, las circunstancias en medio de las cuales surgieron y fueron desarrollándose. Tal conocimiento no sólo brinda una visión mucho más completa y amplia de la institución de que se trate, sino que probablemente mostrará con mayor claridad las vías para su eventual perfeccionamiento.

Consciente de ello, el Instituto ha unido esfuerzos con el Centro para la Integración y el Derecho Público (CIDEP) con el propósito de impulsar, por diversas vías, la investigación histórica de instituciones jurídico-públicas, así como la difusión de los resultados de los estudios desarrollados bajo esa orientación. Un programa conjunto de investigación; colaboración en la organización de eventos telemáticos; digitalización de trabajos de obras importantes aunque de difícil acceso en la actualidad; publicación de nuevos trabajos pero también de recopilaciones de documentos importantes para el estudio de instituciones y figuras jurídicas relevantes... Tales son algunas de las tareas que el Instituto ha llevado adelante junto con el CIDEP.

Un resultado concreto de ese esfuerzo conjunto es la publicación que estamos presentando ahora, bajo la autoría del profesor Alejandro Canónico Sarabia, en el marco del programa de investigadores invitados que el Instituto de Derecho Público lleva adelante en cooperación con el CIDEP, bajo la coordinación del profesor Antonio Silva Aranguren desde hace varios años.

Asumiendo el reto de incursionar en el estudio de nuestro pasado institucional, Alejandro Canónico Sarabia nos ofrece el resultado de una cuidadosa y amplia investigación sobre una de las figuras jurídicas más antiguas de nuestra historia nacional: el cabildo. Pero lo más interesante y novedoso es que no se trata sólo de un estudio general de esa institución, sino sobre un específico acto normativo producido por un cabildo concreto. El cabildo estudiado es uno de los primeros establecidos en América luego del descubrimiento, en lo que hoy es el Estado Nueva Esparta; y el acto normativo dictado por ese cabildo fue la Ordenanza para el Buen Gobierno y Regimiento, a finales del siglo XVI. La tarea investigativa fue tan esmerada que incluso llevó al autor al Archivo de Indias, en Sevilla, donde pudo consultar el original de la ordenanza.

El carácter específico y concreto de la investigación le permite al autor aplicar una forma de hacer historia que él considera especialmente útil y fecunda en resultados: la de analizar "los hechos históricos partiendo de realidades sociales, económicas y culturales". En su trabajo hace, pues, un análisis crítico sobre un documento histórico desde la perspectiva de la historia regional, en el contexto del tiempo, el espacio y la sociedad dentro de los cuales pudo surgir dicho documento. El enfoque de historia cultural lo conduce a relacionar el acontecimiento jurídico con elementos históricos y sociales del entorno inmediato. El estudio histórico de ese documento normativo colonial, desde esa perspectiva y en el contexto social en el que se produjo, le permite "conocer sus efectos en el desarrollo y vida de los pueblos de Margarita".

Es por ello que el trabajo comienza por mostrarnos una panorámica general acerca del tipo de población que había en la zona, surgida a partir del inicial proceso de instalación y colonización; las vicisitudes que rodearon el establecimiento inicial y las sucesivas mudanzas del asentamiento humano; el tipo de relaciones sociales que se habían desarrollado entre sus habitantes; las actividades económicas que predominaban e incluso los productos con que se alimentaban. También se hace referencia a los principales peligros que confrontaban los residentes de Margarita, fundamentalmente los ataques de piratas y corsarios. Todos esos datos nos permiten tener una idea mucho más completa y realista de cómo podía ser la vida en aquellas tierras y en aquellos tiempos, conocimiento que no es fácil de obtener en la historiografía al uso sobre la época colonial, que no siempre nos habla de la vida cotidiana de la población. Pero también le son útiles al autor para establecer una relación directa entre esas vivencias y la actuación de las autoridades locales, específicamente el cabildo, y la manera como éste se ocupaba de las necesidades y preocupaciones más acuciantes de los pobladores.

Ese análisis del contexto económico, social y cultural nos facilita una mejor comprensión del sentido y propósito de la Ordenanza para el Buen Gobierno dictada en La Asunción a fines del siglo XVI, de la cual el profesor Canónico Sarabia nos hace una detallada descripción y análisis. Allí podemos ver que todo su contenido está directamente destinado a resolver las principales fuentes de posibles fricciones entre los pobladores de la zona; y vemos también las soluciones que el cabildo estima más convenientes en aras de preservar una sana convivencia entre ellos. El autor frecuentemente destaca el hecho de que varias de las reglas e instituciones consagradas en la Ordenanza podrían tomarse como antecedentes de diversas figuras jurídicas de la actualidad.

Mención aparte merece el estudio previo que Canónico Sarabia hace acerca del ordenamiento jurídico dentro del cual surge la Ordenanza objeto de su estudio: el derecho indiano. Tomando como fuente una variada y autorizada bibliografía, el autor explica el origen de ese ordenamiento jurídico especial que fue siendo creado por la Corona de Castilla, a partir del propio derecho castellano pero que también debió ir siendo amoldado y adecuado paulatinamente a las realidades de estas nuevas tierras. En atención a la específica naturaleza del acto normativo objeto de análisis, el autor se detiene particularmente en el estudio de las ordenanzas, las autoridades con competencia para dictarlas, su posible contenido y la importancia que tuvieron dentro del ordenamiento jurídico colonial; temas todos de mucho interés para el lector actual interesado en el Derecho Municipal hoy en día vigente, en el cual la ordenanza ocupa -como sabemos- un lugar central dentro del quehacer de las autoridades municipales.

Se trata, pues, de una obra novedosa, que explora parte de la historia regional durante los inicios del período colonial y que conjuga el interés por el conocimiento del ordenamiento jurídico de la época, en general, con el interés por aproximarse a un ejemplo específico de cómo se estableció el cabildo en nuestras tierras, cómo estaba integrado, cuáles eran sus poderes y su relación con las autoridades metropolitanas, su relación con los pobladores y la manera como trataba de atender las preocupaciones específicas de la población local.

El Instituto de Derecho Público se siente especialmente complacido por la aparición de esta nueva y original obra, que sin duda se constituirá en un importante aporte para la preservación de la memoria histórica del municipio venezolano.

Gustavo Urdaneta Troconis
Director del Instituto de Derecho Público

PRÓLOGO

Dos acontecimientos marcan el inicio de la mirada del imperio español sobre la Isla de Margarita, primero su avistamiento por el almirante Cristóbal Colón el 15 de agosto de 1498 y segundo la firma de la Capitulación entre la Corona y el regidor Marcelo de Villalobos el 18 de marzo de 1525; así mientras la isla de Cubagua se convertía en un emporio económico por la riqueza de sus ostrales, su vecina isla, Margarita, simplemente era proveedora de algunos alimentos, un poco de agua y lugar de descanso.

Es en Nueva Cádiz de Cubagua, con título de ciudad del 12 de septiembre de 1528, donde se instala el primer Ayuntamiento de Venezuela, el primer Alcalde de Cubagua nombrado por el rey fue Juan López de Archuleta, el primero de enero de 1529, se celebra en Cubagua la primera elección libre de Alcalde y es electo Pedro de Herrera, además las primeras ordenanzas del continente suramericano fueron aprobadas por este ayuntamiento que serían ratificadas, con algunas enmiendas, en Valladolid el 26 de febrero de 1538.

Con el decaimiento de Cubagua, y posteriormente el traslado de una gran cantidad de sus pobladores a la Isla de Margarita, era prioritario para la Corona española mantener su dominio, y es así que el ase traslada primero a la Villa del Espíritu Santo y luego al Valle de Santa Lucía, por lo que representaba el Cabildo Hispano-colonial como institución que cumplía variadas y múltiples funciones tales como brindar los servicios necesarios para su población –sobrevalorando la española–, las obras públicas, el control del mercado, la administración de justicia en primera instancia, el cobro de impuestos, entre otras, ya que su estructura y ocupación estaban ceñidos por el mismo orden municipal castellano, con una legislación definida, acumulada y puesta en práctica a lo largo de centurias, bajo las pautas adoptadas por la Corona en cada momento y espacio correspondiente.

Este trabajo que nos toca prologar sobre la Ordenanza para el Buen Gobierno de Margarita en 1594, constituye la relevancia histórica que nos permite conocer a través del ayuntamiento colonial asuntino, parte de la historia de la sociedad en el contexto de la cual se dieron estas ordenanzas, y es de vital importancia continuar con la puesta en valor de esta línea historiográfica.

El abordaje que el autor Alejandro Canónico nos presenta en este excelente trabajo desde la conformación del Cabildo de La Asunción, pasando por el contexto socio-económico en la Isla de Margarita para finales del siglo XVI y finalmente la adopción de la Ordenanza referida, es un gran paso dentro del estudio del ciclo colonial Neoespartano, y cómo actuaron a través del ayuntamiento, los grupos humanos que les tocó ejercer el poder local y las políticas aplicadas de la gestión urbanística, del agua, del medio ambiente, del desarrollo legislativo, entre otras.

Agradezco la gentileza de Alejandro por permitirme prologar esta obra, donde pone de manifiesto su capacidad de análisis, sus ganas inmensas de seguir ahondando en estos temas relacionados con la acción política, legislativa y civil a lo largo de estos cinco siglos, como parte de la Identidad Insular Neoespartana.

Dr. Verni Salazar
Individuo de número de la
Academia de la Historia del estado Nueva Esparta

INTRODUCCIÓN

Resulta sumamente grato el estudio de la historia, el saber, el indagar, recibir un relato, y por encima de todo, el descubrir; es como abrir los ojos al mundo por primera vez o despertar a una nueva realidad; situación que produce sobre cualquier persona, y en particular sobre el historiador, un doble estado, de ansiedad constante por ese descubrir y de satisfacción por los nuevos descubrimientos personales; es pues una maravillosa experiencia vivida a través del rigor científico y académico.

Para que los hechos y así los acontecimientos históricos tengan relevancia, deben estar íntimamente vinculados con la evolución del ser humano. La complejidad de la vida del hombre, el espacio de tiempo en que ocurre un hecho, el ambiente físico en el que se desarrolla ese hecho, los fenómenos naturales que confluyen al momento en el que tiene lugar el hecho, determinan la manera en la cual un acontecimiento tendrá lugar y efectos trascedentes.

El encuentro de América con Europa, a través de las expediciones colonizadoras, fue el evento de mayor trascendencia en los últimos seiscientos años para el continente americano, cuyo acontecimiento determinó la esencia del nuevo hombre americano. Su influencia y los efectos que produjo despiertan un gran interés por el estudio de aquellos trascendentales hechos. Estos colocan su impronta en el hombre, que lo envuelve, lo matiza y lo expulsa totalmente renovado, situándolo dentro de un contexto particular, de espacio y tiempo.

Por ello los estudios históricos se basan en las vivencias de los pueblos y en la incorporación de todos los elementos que condicionan el desarrollo de dichas costumbres. Esas manifestaciones que están registradas mediante la escritura de documentos o de libros, fotografías, relatos orales, se constituyen en la memoria de los pueblos. La historiografía y la hermenéutica nos proporcionan los conocimientos y las herramientas necesarias para manejar esa memoria y construir un trabajo de historia confiable, veraz y apegado, de la mejor manera posible, a la realidad que se estudia.

La valoración de los hechos históricos proporciona elementos determinantes en el desarrollo del futuro de un pueblo, las situaciones definen comportamientos y desenlaces propios y característicos de las circunstancias en las que ocurren. Un mismo hecho puede dar origen a múltiples consecuencias de acuerdo al momento histórico en que acontece.

La producción y difusión del conocimiento se constituyen en aportes singulares para el desarrollo del ser humano, cualquier actividad que conduzca a generar conocimiento se hace generadora también de elementos que van a proporcionar mayor bienestar a los individuos y por ende a la sociedad. El conocimiento origina los instrumentos necesarios para mejorar la calidad de vida de los ciudadanos, por lo que conocer y difundir nuestras raíces nos permite aprender y corregir errores del pasado. Difundir el conocimiento histórico de los pueblos nos transmite valores y conciencia moral para discernir sobre cuál debe ser el comportamiento más adecuado.

El análisis de los hechos históricos, partiendo de realidades sociales, económicas y culturales, resulta de mucha utilidad. Las instituciones coloniales se constituyen en fuentes inagotables de manifestaciones culturales y de invaluable presencia en la historiografía de América. El cabildo en particular es considerado una de las estructuras político-administrativas más relevantes del periodo colonial y que con algunas variantes y matices, se ha reinventado para mantener su vigencia en el tiempo. Si revisamos con detenimiento los registros civiles y eclesiásticos, así como los repositorios o archivos nacionales y extranjeros, podemos encontrar una serie de información de gran valía para el objeto del estudio propuesto, vinculado con las competencias de los ayuntamientos y su comportamiento efectivo.

Al estudiar las estructuras fundamentales de la época colonial se descubren una serie de hechos y acontecimientos que ayudan a entender situaciones presentes y permiten enriquecer el acervo cultural, al tiempo de contribuir con la reafirmación de la propia identidad de los pueblos. Es precisamente el cabildo colonial una de las instituciones más importantes e influyentes en la vida de los ciudadanos de la época colonial y que seguramente condicionó todo el desarrollo de los pueblos hasta la actualidad.

De todos los cabildos que se crearon en la Venezuela colonial, se seleccionó el Cabildo de Margarita o de La Asunción, como referencia de estudio para precisar su indiscutible aporte al desarrollo de la ciudad que le sirvió de soporte territorial. Por ello resulta pertinente su análisis estructural para entender su conformación orgánica y funcional, así como los actos y decisiones que se produjeron en los primeros años de su creación.

Este Cabildo de La Asunción o Cabildo de Margarita cobra relevancia luego de la caída de Nueva Cádiz, y después de su traslado de los centros poblados desde el Pueblo de la Mar o Villa del Espíritu Santo, hasta Santa Lucia: hoy La Asunción, Isla de Margarita. Los documentos indican que eran momentos de muchos cambios y reacomodos individuales, de búsqueda de seguridad y bienestar, en pleno proceso de generación de espacios sociales y desarrollo de los componentes humanos. Pero de lo que no hay dudas, y es aceptado por los historiadores, es que el cabildo fue fundamental en el desarrollo y libertad de los pueblos de América, en contraste con la misma institución observada desde Europa.

El cabildo en Venezuela adquirió verdadera autonomía, por la distancia que lo separaba de la Corona española; incluso muchas veces tomó decisiones que no le correspondían, en nombre del Rey. El cabildo fue concebido para resolver los asuntos locales y propios de las personas que habitaban el lugar, y para ello dictaba actos u ordenanzas encaminados a regir la vida de las personas en el espacio geográfico determinado. Se ocupaba de los factores comerciales del lugar, del aprovechamiento de los recursos naturales, como las aguas; de la forma de la economía colonial, de los servicios al público, del orden urbano, de los animales de cría, del sistema de pago y, en fin, de resolver cuanto asunto era sometido a su consideración.

En vista de esa amplia competencia local, el Cabildo de La Asunción produce la Ordenanza para el Buen Gobierno y Regimiento, dictada el 27 de mayo de 1594, y que resultara confirmada por el Rey, en Madrid el 10 de enero de 1596, constituyéndose en el primer instrumento normativo que adopta este, en su nuevo lugar. Destacados historiadores han afirmado que la Ordenanza para el Buen Gobierno de 1594, fue de suma importancia para el desarrollo de la isla de Margarita, porque determinó la forma de la administración y el gobierno municipal para la ciudad, específicamente referida a la vida cotidiana, la economía, el abastecimiento de alimentos, el aprovechamiento de los recursos naturales, como el correcto uso de las aguas, la regulación y control de precios, el establecimiento de un sistema monetario para el pago de las obligaciones y otras reglas de convivencia. Resulta, pues, de gran interés el estudio histórico de este documento normativo colonial, en el contexto social en el cual se produjo, para conocer sus efectos en el desarrollo y vida de los pueblos de Margarita.

Por lo tanto, este trabajo consiste en un análisis crítico sobre un documento histórico, desde la perspectiva de la historia regional, en el contexto del tiempo, el espacio y la sociedad, como lo afirma Van Young, E. (1991), por lo que se trata de conciliarla con la historia social o la historia cultural, ya que al introducir elementos económicos y sociales, y sus relaciones de contacto, estaremos en presencia de una aproximación cercana a la historia cultural, donde se evalúan relaciones subjetivas e influencia de factores sociales y culturales para analizar los fenómenos históricos jurídicos.

Cabe destacar que, para tener certeza de la procedencia del documento que se analizó, éste se consultó directamente en la sede física del General de Indias situado en la ciudad de Sevilla, en la región de Andalucía del Reino de España, con el objeto de verificar de primera mano el original del documento que allí reposa y obtener una copia fotostática que se agrega como anexo en este libro.

Las referidas observaciones se realizan dentro de un contexto definido por el tiempo y el espacio en los que se producen los hechos históricos y jurídicos. Siendo el hecho y el espacio histórico la posibilidad y la necesidad de comprensión de una época distinta para el historiador a partir de la construcción de toda una racionalización que le permita fijar y delimitar el momento histórico en cuestión. Por su parte, el tiempo en la historia surge como necesidad de ubicación temporal de unos acontecimientos para evaluarlos y analizarlos en su contexto y compararlos con otros momentos pasados o presentes.

No hay dudas que el presente trabajo estuvo delimitado por el espacio histórico, constituido por la Isla de Margarita; y el tiempo histórico, reflejado sobre finales del siglo XVI, luego de la llegada de los conquistadores españoles a tierras americanas. Pero no sólo el método nos permitió identificarnos con el espacio y el tiempo, también se evaluaron situaciones vinculadas con la historia cultural y la geografía, así como con los aspectos jurídicos propios del organismo evaluado y el acto producido. Efectivamente, el espacio histórico jugó un papel importante en este estudio. Entendiendo por espacio histórico, según Lombardi (1977, p. 90):

> ...la presencia permanente de la geografía en la Historia, esa dialéctica del dar y recibir, en donde el hombre se permite una superioridad de decisión y de acción pero siempre atento a lo imprevisible y amenazador de la naturaleza así como a sus propias leyes, a esto hoy lo llamamos equilibrio ecológico, una frase que encierra el sentido profundo de interdependencia entre el hombre y la geografía.

La evaluación del espacio y la geografía histórica presentes en este trabajo se puede observar en el análisis de la Ordenanza para el buen gobierno y regimiento de 1594, cuando se destacan elementos naturales y físicos de trascendencia, regulados en dicho instrumento y que fueron determinantes para el desarrollo de los pueblos de la Isla de Margarita en la referida época colonial; recordemos que el hombre se encuentra reflejado en el espacio, y el espacio influye en el hombre y su desarrollo, de cuyo análisis no escapa la historia, ni el derecho.

CAPÍTULO I:
LA CONFORMACIÓN DEL CABILDO DE LA ASUNCIÓN

1. Antecedentes históricos

De las autoridades gubernativas que aportó la empresa colonizadora española para América, los cabildos resultaron de gran relevancia como factor de organización y desarrollo local, mucho más cuando estas organizaciones coloniales adquirieron verdadera autonomía y produjeron situaciones de trascendencia local y nacional. Fueron sin duda las instituciones de poder más importantes e influyentes en la vida de los ciudadanos de la época y que seguramente condicionaron todo el desarrollo de los pueblos hasta nuestros días. En razón de ello, al estudiar las estructuras fundamentales de la época colonial, se descubren una serie de hechos y acontecimientos que ayudan a entender situaciones presentes y permiten enriquecer el acervo cultural, al tiempo de contribuir con la reafirmación de la propia identidad de los pueblos.

Los cabildos fueron corporaciones municipales instaladas en las Indias (América y las Filipinas) por la Corona española para la administración de las ciudades, pueblos o villas. Fueron creadas mediante una adaptación a un nuevo medio de los ayuntamientos medievales de España, que en ocasiones también habían sido llamados cabildos, en similitud con los cabildos eclesiásticos de las iglesias catedrales. El término "cabildo" proviene del latín *capitulum* -"a la cabeza"-, también llamado ayuntamiento o concejo (*concillium*); por medio de este órgano, los vecinos velaban por los problemas judiciales, administrativos, económicos y militares de la localidad. Las Leyes de Indias utilizan el término de cabildo para identificar la reunión o ayuntamiento de autoridades reales para la administración de la ciudad (Ley I, Título IX, Libro IV de la Recopilación de 1680).

Según García Ponce, A. (2010, p. 308), la estructura y composición de los cabildos americanos fue semejante a la que tuvieron los concejos de España, pero sus atribuciones variaron y también su importancia política, debido a las condiciones especiales que tuvo la sociedad colonial sometida al dominio de la Corona, pero a larga distancia. Esa distancia, que el gran océano Atlántico marca entre América y la península española, produjo que estas instituciones adquirieran mayor autonomía y poder de decisión.

El cabildo era la estructura jurídica determinante de la territorialidad de una población. Esta institución colonial se encontraba a la cabeza de la provincia o de la república, como se le denominada al territorio de la época, no asimilable a lo que hoy entendemos por tal, que resulta un espacio más reducido o acotado; y le competía principalmente decidir sobre los asuntos relativos a la buena administración de sus pueblos en general.

Inicialmente los miembros del cabildo eran nombrados por el jefe de la expedición y por los gobernadores; luego fueron elegidos por los hombres libres de cada ciudad; y, después de 1591, los cargos eran vendidos por la Corona a quienes tenían poder económico para comprarlos. Los cabildos estaban conformados por un presidente, que era el Gobernador de la Provincia, y dos alcaldes, que podían suplir la ausencia temporal del gobernador, además de regidores, en número que iba entre seis a doce, de acuerdo al tamaño de la ciudad; además, un alférez, un procurador, un alguacil y un escribano. El cabildo en Venezuela funcionó como una especie de parlamento, donde se defendían los derechos de los blancos criollos[1] principalmente.

Los cabildos americanos del primer momento expresaron con bastante fidelidad el espíritu de los fueros de los antiguos concejos castellanos y, como tales, ejercieron amplias funciones y atribuciones. Sin embargo, el cabildo alcanzó en tierras americanas más derechos y poderes que jamás tuvo el castellano. Como lo afirma el profesor Villegas Moreno, J. (2010, p. 22), el protagonismo del cabildo en tierras americanas había sido decisivo, en sintonía con la larga tradición de gobierno de esta institución.

El cambio político a través de los cabildos fue el procedimiento más utilizado por la oligarquía criolla para la consecución de sus objetivos. Por otra parte, el cabildo fue la institución que mejor contribuyó en América a la transición del dominio español a las repúblicas independientes, actuando como plataforma para el ejercicio de la libertad política. Por ejemplo, cabe recordar los sucesos del 19 de abril de 1810, cuando el Cabildo de Caracas se reunió de forma extraordinaria para debatir la situación de Venezuela; y, ya en sesión abierta, forzó la renuncia del Gobernador y Capitán General Vicente de Emparan y Orbe, cuya autoridad fue asumida por los capitulares. El resto de los mandatarios españoles hicieron también renuncia de sus cargos en el ayuntamiento, quien posteriormente delegó el poder en una Junta de Gobierno (*Ibidem*, p. 23). Por ello vemos que la institución del cabildo florece en América con más fuerza que el desarrollo experimentado en la misma España.

---

[1] Los blancos criollos eran los hijos de españoles nacidos en territorio venezolano, principalmente los descendientes de los conquistadores y encomenderos, quienes poseían la riqueza agrícola y ganadera, eran los dueños de las tierras y tenían títulos de nobleza; eran personas influyentes en la vida comercial y financiera.

A partir de los primeros años de la conquista, constituyeron un eficaz mecanismo de representación de las élites locales frente a la burocracia real. Diversas disposiciones reales pretendieron someterlos a la autoridad de los representantes del Rey de España, pero la lejanía con la metrópoli obligó a admitirles un alto grado de autarquía, al menos hasta fines del siglo XVIII, cuando las reformas borbónicas avanzaron sobre las atribuciones de los cabildos, principalmente por la creación de las Intendencias. Según Bernad Mainar, R. (2013, p. 279), "Los cabildos coloniales constituyeron el centro de la vida política de la Colonia, estaban conformados por los Regidores y Alcaldes Ordinarios, eran presididos por el Gobernador o su Teniente y, en su defecto, por el Alcalde Ordinario".

Como lo afirma el maestro Subero, J.M., (1980, p. 25), en Venezuela el primer cabildo va a surgir en la inhóspita y árida islita de Cubagua; y luego en Santa Ana de Coro, constituyéndose en modelos de organización para todas las localidades fundadas durante la existencia de la Capitanía General de Venezuela (Bernad Mainar 2013, p. 281). Efectivamente fue Nueva Cádiz en la isla de Cubagua la primera localidad poblada con ánimo de permanencia, dentro de lo que se constituiría posteriormente como provincia de Venezuela, a partir de 1508, con motivo de la explotación de los placeres perleros. La ciudad de Nueva Cádiz no fue fundada en algún momento preciso; surgió del asiento sucesivo e intermitente de españoles, habiendo crecido espontáneamente en sucesivos poblamientos y repoblamientos conforme al auge que tuvo la pesca de perlas. Desde el principio fue un lugar atractivo para traficantes de perlas, indios y esclavos, provenientes de La Española[2] y de Puerto Rico.

El funcionamiento de la ciudad, dada la aridez del terreno y para asegurar el abastecimiento de hortalizas y agua, exigió la ocupación progresiva de la Isla de Margarita y, con mucha dificultad, de las costas de en la desembocadura del río Cumaná. La isla de Cubagua se consolidó realmente como ciudad a partir de 1523, una vez que Jácome de Castellón pudo ubicar una fortaleza en Cumaná, en la boca del río Manzanares, y así asegurar parte del abastecimiento de Cubagua.

Diversos autores hablan de asentamientos en Cubagua a partir de los primeros años del siglo XVI, pero las fechas ciertas señalan que en 1526 el poblado fue denominado Villa de Santiago de Cubagua y dos años después, el 12 de septiembre de 1528, obtuvo el rango de ciudad mediante Real Cédula, y se la llamó Nueva Cádiz de Cubagua, otorgándosele el privilegio de tener como escudo el de los Austrias de Carlos I. En su gran esplendor llegó a tener una población aproximada superior a los mil habitantes e incluía españoles, indios y negros es-

2 Hoy en día República Dominicana.

clavos traídos para el buceo de las perlas. Antes, sin duda, hubo asentamiento de pescadores de perlas que vivían en chozas y bohíos. La dificultad central para levantar una trama urbana era geográfica: no había agua, que se traía de la desembocadura del río Manzanares, en Cumaná; tampoco había leña, ésta se traía de la Isla de Margarita. Más allá de unos cuántos conejos y escasísima vegetación, la isla era desértica, como sigue siéndolo en la actualidad, pero ahora con una explotación turística.

Desde 1510 se habla de la existencia de un cabildo en Cubagua con sus Regidores, aun cuando en 1517 buena parte de la población, que era de aproximadamente 1800 habitantes, vivía en chozas. De esta forma, la inicial ranchería de las perlas se consolidó como pueblo organizado en verdadero Cabildo, a partir de 1525, y a pesar de lo artificial que era por lo inhóspito del lugar, sin agua, sin tierras para sembrar y sin leña, existió hasta 1543, siendo abandonada cuando las perlas se acabaron, trasladándose entonces la población hacia Margarita y hacia el Cabo de la Vela. Hasta ese momento, la ciudad pudo resistir los sucesivos asaltos de corsarios y los terremotos, así como su dependencia tanto de para el abastecimiento de agua, del río Manzanares, como de Margarita, para leña y verduras de siembra.

Brewer-Carías, A. (1997, p. 121), nos aporta que durante su existencia como ciudad, en Cubagua se dictó la primera Ordenanza de origen municipal del continente americano por el propio Cabildo de Nueva Cádiz. El 5 de enero de 1537, se sancionó una ordenanza que contenía las reglas esenciales para el ejercicio de la vida pública en esa isla. Esta ordenanza municipal resultó confirmada posteriormente por la Corona, con algunas observaciones, en Valladolid el 26 de enero de 1538.

Antes, la ciudad había sido objeto de dos Ordenanzas citadinas dictadas sucesivamente en 1527[3] y en 1532[4], como ninguna otra ciudad de costa firme tuvo, pues fueron dadas directamente por el emperador Carlos I y por su madre la reina Doña Juana I de Castilla[5], mediante Cédulas Reales. En dichas Ordenanzas se regulaba todo lo concerniente a la vida citadina y al tráfico de personas en la Isla, especificándose, entre otros aspectos, que para salir de la isla se requería "licencia de la justicia", excepto respecto de los que fueren a la Isla de Margarita, quienes no necesitaban pedir licencia. Así mismo se exigía

[3] Esta ordenanza fue dada en la ciudad de Burgos por Carlos I, el 13 de diciembre de 1527 (Domínguez Compañy 1982, p. 37).

[4] Esta ordenanza consistió en una ampliación de la ordenanza de 1527 del mismo Cabildo de Nueva Cádiz y fue firmada por la Reina en Madrid, el 30 de diciembre de 1532.

[5] A Juana I la apodaban: "La Loca", fue hija de la Reina Isabel la Católica y del Rey Fernando el Católico (1479-1555).

el pago de derecho de aduana para poder llevar o traer cosas desde o hacia las islas cercanas, salvo si se trataba de la Isla de Margarita, que no generaba impuesto alguno. Dichas Ordenanzas, en todo caso, dieron origen al derecho indiano municipal en el Nuevo Mundo[6].

En virtud de la indiscriminada explotación perlera y el aumento de la población en esa isla, lo que suponía que existiera una población formada, el rey designó a Juan López de Archuleta como Alcalde de Cubagua, constituyéndose en el primer funcionario real y municipal en la referida isla. A partir de 1527 se trasladó a los habitantes de Cubagua la competencia para elegir a su Alcalde; en consecuencia, los integrantes del Nueva Cádiz pasaron a ser nombrados por el pueblo, a través de elecciones.

Por otra parte, consideramos que los investigadores han sido un tanto mezquinos con la historiografía de la isla de Coche, ya que existe poca bibliografía al respecto; ésta es la hermana menor de las islas que hoy, junto a Margarita y Cubagua, conforman el estado Nueva Esparta. Ramírez Villarroel, P. (2012, p. 350), indica que el poblamiento en la isla de Coche surgió a partir de 1526, como una ranchería de pescadores, con el nombre de San Pedro de Coche, y también fue determinante para el sostenimiento de la isla de Cubagua mientras duró su existencia vital. Observemos que el 28 de julio de 1526, el rey Carlos V expide Real Cédula, donde se da en encomienda la isla de Coche al veedor de Cubagua Juan López de Archuleta para que tuviese en ella su casa, labranzas, cría, ganado y otras granjerías, a los fines del proveimiento de esa isla y de Cubagua.

Así mismo existen datos que reflejan el paso de algunos habitantes de Cubagua a la isla de Coche. Según Subero, J.M. (1996, p. 104):

> ...el 21 de junio de 1529, la reina manifiesta que por parte de Hernando de Carmona, alguacil mayor de la isla de Cubagua, le fue hecha relación de que a causa de haber descubierto un ostral en la isla de Coche que dista tres leguas de la isla de Cubagua, se ha pasado la gente que residía en dicha isla de Cubagua a la dicha isla de Coche y pide licencia para usar dicho oficio de Alguacil Mayor de Cubagua, en la dicha isla de Coche.

Verificándose con estos hechos que la isla de Coche se controlaba desde las autoridades de Nueva Cádiz de Cubagua.

Por último, según las investigaciones de Gómez, Á.F. (s.f.), también hubo cabildo en el primer poblado establecido por Pedro de Vi-

---

[6] Antes de las Ordenanzas de Nueva Cádiz, en 1525, sólo se habían dictado Ordenanzas municipales para las ciudades de Natividad en Nueva España y de Trujillo en las costas de Honduras, pero no por los Cabildos de esas ciudades, sino por Hernán Cortés, como capitán general y gobernador de la Provincia (Brewer-Carías 2008, p. 28).

llardiga, quien salió de Santo Domingo a la Isla de Margarita en septiembre de 1526 en la nave "La Librera", transportando ganado y a un solo poblador cuyo nombre era Baltasar de Villafranca. El mencionado poblado lo denominó San Pedro Mártir, y estaba ubicado al norte de la quebrada de San Jerónimo y cerca del Morro de Charaima (hoy Morro de Porlamar); en el Archivo General de Indias en Sevilla, se encontró un cuadernillo donde se asienta que el cubagüense Pedro Moreno, el 2 de noviembre de 1526, depositó 46 pesos de oro guanín: "...para acogerse a la merced, concedida por la corona en la capitulación, de pagar solamente el diezmo durante el primer año, el noveno durante el segundo y así sucesivamente..." (*Ibidem*).

No obstante, de todos los cabildos que se crearon en la Venezuela colonial, se seleccionó el Cabildo de Margarita o de La Asunción, como referencia de estudio, para precisar su indiscutible aporte al desarrollo de la ciudad que le sirvió de soporte territorial. Por ello, constituye un objetivo trascendental su análisis estructural para entender su conformación orgánica y funcional, así como los actos y decisiones que se produjeron en los primeros años de su creación. Uno de esos actos trascendentales fue precisamente la Ordenanza para el Buen Gobierno y Regimiento en 1594.

2. El poblamiento del Valle de Santa Lucía (La Asunción)

Con la llegada de Colón a lo que serían las tierras americanas y en función de la iniciativa de la Corona española, se comenzó a generar el proceso de poblamiento de los territorios conquistados, pero no con factorías ni colonias, sino con pueblos, y más tarde villas, para culminar en ciudades; con unos condicionantes urbanos, políticos y religiosos bien definidos, tal y como lo afirma Brewer-Carías, A. (1997, p. 119). En Venezuela, el proceso de poblamiento se realizó principalmente en cinco corrientes o penetraciones: en primer lugar, en las islas de Cubagua y Margarita; en segundo lugar, desde las costas del Mar Caribe hacia el sur en el occidente y hacia el centro; en tercer lugar, también desde el Mar Caribe hacia el sur, pero en el oriente; en cuarto lugar, desde el Nuevo Reino de Granada hacia las Sierras Nevadas al norte; y en quinto lugar, también desde el Nuevo Reino hacia el este por el río Orinoco hasta la isla de Trinidad. Este proceso de poblamiento fue el que configuró, jurídicamente, el ámbito de las Provincias que posteriormente constituyeron la Capitanía General de Venezuela en 1777 y que fueron la base de la formación de lo que hoy conocemos como la nación y el territorio venezolano.

En ese sentido, afirma Mago de Chópite, L. (2012, p. 62), que el poblamiento de los lugares a través del modelo de ciudad patrimonial o estamental, se trasplanta en América por obra de los conquistadores españoles, quienes construyeron aldeas, villas y ciudades a nombre de la Corona, la cual les concedía el goce de ciertos privilegios y prerrogativas con el fin de consolidar sus dominios y garantizar su soberanía sobre los territorios descubiertos en el Nuevo Mundo.

Según sostiene Siso, C. (1982, p. 167), en los pueblos de indios, fundados en las provincias venezolanas no podía existir propiamente una organización municipal en los primeros periodos de su existencia; era necesario esperar que con el desarrollo de la vida económica surgieran células sociales con vida propia, lo cual no se podía lograr hasta que los indios comenzaran a tributar, y que se alcanzara un crecimiento de la población con la llegada de españoles y la mezcla con los indígenas y los negros.

No obstante, en escasos años la Corona de Castilla, al organizar la administración de las Indias, implantó en esos territorios el mismo sistema municipal de organización político-administrativa que tenía en sus antiguas ciudades, ordenando fundar pueblos, colocar la iglesia y el cabildo, principalmente. Durante la época colonial, funcionaban las siguientes instituciones políticas: el Consejo de Indias, la Casa de Contratación de Sevilla, los Adelantados, los Gobernadores, los Intendentes, los Virreyes, los Alcaldes, las Audiencias Reales, el Tribunal del Consulado, y los Cabildos, entre otros. Pero de todos los mencionados órganos o instituciones resalta, a los fines de esta investigación, el denominado Consejo de Indias, que fue determinante para regir los destinos del Nuevo Mundo descubierto.

Según Brewer-Carías (1997, p. 69), bajo el reinado de Carlos V se creó una Junta o Comisión dentro del Consejo de Castilla, que se especializó en los asuntos de Indias, y en 1524, se transformó formalmente en Consejo de Indias, órgano eminentemente jurídico que también combinaba en su seno funciones de tribunal de apelación con el de órgano asesor y ministerio de supervisión de los asuntos coloniales:

> Puede decirse que desde su constitución en 1524, todo el gobierno político y administrativo de los territorios de Indias estuvo en manos de este Consejo: la jurisdicción civil y criminal en última instancia; el nombramiento de funcionarios; las expediciones de descubrimiento; la hacienda colonial y tratamiento de indios, entre otros aspectos.

Vimos que el poblamiento inicial, un tanto desordenado, se inicia en la isla de Cubagua, en virtud de la existencia de los bancos de perlas que allí se encontraban, aunque las condiciones generales de subsistencia del lugar no eran suficientes; la isla era totalmente dependiente de Margarita, donde sí había condiciones para establecer poblados permanentes. En virtud de ello, y visualizando un inminente desenlace negativo, se comenzó a ordenar reparto de tierras en Margarita desde la isla de Cubagua. Según el maestro Subero, J.M. (1996,

p. 186), el 13 de noviembre de 1534, por Real Cédula, se ordena que el Alcalde Mayor de Cubagua reparta tierras y solares en Margarita y sea justicia de esa Isla. Así mismo, el 3 de noviembre de 1536, por Real Cédula se dispone que los vecinos de Cubagua estaban obligados a fabricar casas en la Villa del Espíritu Santo, y a vivir en ella cuatro meses del año, "so pena de perder y pierden, el agua, tierras y repartimientos que tuvieren en la dicha isla de Margarita" (*Ibidem*, p. 178). Es notoria la dependencia y la relación estrecha de Cubagua con Margarita, al observarse que las autoridades de Cubagua regían para Margarita, y que sus pobladores comenzaron a trasladarse de a poco hacia aquel lugar, que les ofrecía mayor seguridad.

Pero fue a partir de diciembre de 1541 cuando el éxodo de pobladores de Cubagua a Margarita fue masivo, ya que a la par del agotamiento de los recursos perleros, se verificó un acontecimiento natural que destruyó parte de la isla y que forzó la retirada del lugar. En ese sentido, en la obra de Subero, J.M. (1996, p. 207), se encuentra una referencia del 25 de diciembre de 1541, donde se observa que:

> De la isla de Cubagua tenemos nueva que esta navidad pasada sobrevino una tempestad de aguas y vientos que la asoló toda, que no dejó casa de piedra en ella, de manera que, constreñidos de necesidad, se pasaron a la isla de Margarita (...) [y] fundan un pueblo, que había en el más de ciento de a caballo, y con el primero navío enviaron procurador a V.M. para hacer relación de todo.

Lo cierto es que, una vez abandonada la isla de Cubagua, sus moradores se trasladaron a Margarita, donde ya existía la Villa del Espíritu Santo desde 1536[7]. La Villa del Espíritu Santo recibió una organización completa de ciudad, aun cuando oficialmente no lo era; tuvo su cabildo, con sus Regidores y Alcaldes. Allí estaban también los oficiales reales encargados de la administración de los intereses de la Corona y los Tenientes de Gobernador. Comenta el maestro Subero (1980, 26) que el cabildo insular era tan activo e inquieto, que llegó hasta solicitar licencia para hacer la guerra y capturar a los piratas y corsarios; quizá por la falta de respuesta oportuna de España a los múltiples requerimientos de protección que le hacían[8].

De las investigaciones realizadas, se observan imprecisiones en las fechas del traslado efectivo de la Villa del Espíritu Santo al Valle de Santa Lucía; sin embargo, los historiadores coinciden en que se produjo luego de que Margarita es asaltada por el tirano Lope de Agui-

---

[7] La Villa del Espíritu Santo (hoy Porlamar) fue fundada el 26 de marzo de 1536 por el fraile Francisco de Villacorta (Subero 1996, p. 59).

[8] En las carpetas que se encuentran resguardadas en el Archivo de Indias se pueden observar múltiples cartas enviadas a la Corona, desde Margarita, solicitando asistencia y sobre todo seguridad, por el ataque de piratas y corsarios.

rre[9], en 1561. La Villa del Espíritu Santo soportó múltiples ataques de pillos, corsarios y piratas, siendo saqueada y quemada, pero la experiencia vivida con el paso del Tirano Lope de Aguirre constituyó el punto determinante para decidir definitivamente la mudanza.

Así mismo, el maestro Subero (1996, p. 15) indica que existe una certificación de fecha 12 de enero de 1562, de Don Juan Sarmiento de Villandrando, Gobernador de Margarita, en la cual se afirma que: "la Ciudad fue trasladada al Valle de Santa Lucía por estar la ciudad de La Asunción en sitio más seguro y defendida por los arcabuces y frondosos arboledas que median en el camino". Situación que no puede ser cierta, ya que Juan Sarmiento de Villandrando, muere el 1 de agosto de 1561, de manos de los hombres del Tirano Aguirre, lo que nos indica que en 1562 no podía realizar tal afirmación, y su hijo, del mismo nombre, para esa fecha tenía apenas dos años.

Lo cierto es que después del 14 de abril de 1564 el Cabildo de la Villa del Espíritu Santo se traslada al Valle de Santa Lucía, que se había formado con los vecinos y autoridades de aquella, y se encontraba ubicado en un amplio y fértil valle, bañado por un riachuelo y con fácil comunicación con el puerto de Mampatar (hoy Pampatar); desde luego, el pueblo de Santa Lucía (hoy La Asunción), debía existir, en principio, ya desde 1545 o poco después (Subero 1996, p. 166). Recordemos que no se fundaron pueblos de la nada; normalmente había pobladores cuando llegaban los españoles; y la razón es muy lógica: los pobladores originarios habían seleccionado los lugares de asentamiento más acordes para su subsistencia, cerca del río, donde hubiera posibilidad para sembrar y donde pudieran estar protegidos de los ataques de piratas.

La noticia del traslado de la ciudad se puede verificar de una información sobre los servicios del capitán Pedro González Cervantes de Albornoz, Alcalde ordinario para 1561 (Subero 1977, p. 6), donde declara en 1608 el testigo Juan Fernández que, luego de haberse marchado Lope de Aguirre:

> ...llegó el dicho Capitán Pedro González Cervantes de Albornoz, y hallando despoblada dicha ciudad, con gran ánimo y diligencia que hizo, tornó a juntar la gente que había quedado y pobló la ciudad en

[9] El Tirano Aguirre, proveniente del Perú, llegó a la Margarita, por la bahía de Paraguachí, el 22 de julio de 1561. En el mismo puerto atravesó con su espada a tres soldados que no eran de su agrado. Después en la ciudad sembró la destrucción y la muerte. El 1 de agosto de 1561 ordenó matar al Gobernador y al Alcalde. En 40 días de permanencia en la isla, se convirtió en rey y señor de toda la región. Desconoció la autoridad del rey; al llegar con sus marañones a la isla, materialmente la arrasó. El 31 de agosto de 1561 Lope de Aguirre abandona la isla de Margarita, luego de permanecer en ella 40 días. El 27 de octubre de 1561 muere arcabuceado en Barquisimeto.

la parte y lugar que hoy está, que se llama Santa Lucía el sitio; y dejaron a de Pueblo de la Mar, que dicho tirano había tomado y saqueado.

Por tales motivos se le atribuye al capitán Pedro González Cervantes de Albornoz la fundación de lo que hoy se conoce como La Asunción, ya que fue quien motivó y lideró a los habitantes de la Villa del Espíritu Santo para trasladarse y mezclarse con los habitantes del pueblo de Santa Lucía, luego del paso de Lope de Aguirre por estas tierras.

En consecuencia, desde el punto de vista político, La Asunción se formó con el traslado de la capital de Margarita, desde la Villa del Espíritu Santo (Porlamar); se trataba por lo tanto de la misma entidad, que fue objeto de una mudanza de lugar. En virtud de lo anterior, con el poblamiento del valle de Santa Lucía también van las autoridades gubernamentales y el cabildo, institución que siempre ha sido la célula fundamental de organización y orden, donde descansa la autoridad de todo pueblo o ciudad. Se desplaza la sede de las autoridades de Margarita y Santa Lucía suplantó definitivamente a la Villa del Espíritu Santo, en lo que respecta al centro del poder, debido a que ésta última comunidad no se extinguió, y pasó a denominarse más adelante Pueblo de la Mar.

El 13 de octubre de 1567, el Teniente de Gobernador Pedro de Angulo, levanta una solicitud a nombre de Doña Aldonza, quien poseía la capitulación de Margarita, en el pueblo de Santa Lucía, con lo que se refleja que para esa fecha ya se encontraban establecidas las autoridades en dicho lugar. Los alcaldes ordinarios son para ese momento Andrés de Salamanca y Pedro González Cervantes.

En cuanto al nombre de La Asunción, no hay que olvidar que el 26 de marzo de 1536, en la información del sacerdote Francisco de Villacorta a la Corona española, hace constar claramente que la Villa del Espíritu Santo había sido intitulada de la advocación de la *Asunçión* de la Madre de Dios. Es decir que, además del traslado geográfico del gobierno, también va a tener el poblado el nombre de la advocación bajo la cual fue puesta la Villa trasladada (Gómez, s.f.). Las condiciones geográficas eran más propicias para instalar un poblado en Santa Lucía que en el Pueblo de la Mar, por su ubicación alejada de la costa; sin embargo era necesario reglamentar la vida de los pobladores y el uso de los escasos recursos con los que se contaba para poder subsistir.

Para 1564, Santa Lucía tenía sesenta habitantes "casados con mujeres e hijos, además de otros quarenta o cinquenta solteros e vecinos antiguos y viudas" (Morón, G., 1971, p. 68); por ello es que se afirma que la ciudad era formada para ese momento por unos cien habitantes.

3. La Asunción como ciudad

Luego de los eventos tormentosos por los que pasó Margarita, y después del traslado de la población al Valle de Santa Lucía, la sustitución de la localidad y el asiento de las autoridades gubernamentales en su territorio, se necesitaba culminar con la formalidad del proyectado poblamiento, mediante la generación de un orden para el establecimiento del poder y la civilidad. El orden serviría para perpetuar el poder y para conservar las estructuras sociales, económicas y culturales que ese poder garantizaba. La fórmula que los conquistadores traían para establecer el orden era poblar y constituir ciudades, con la misión de elevar la calidad de vida y el estatus de sus habitantes. Según Rama, A. (1984, p. 11), en el centro de toda ciudad de la América hispana existió una ciudad letrada formada por un anillo protector del poder y ejecutor de sus órdenes, núcleo ilustrado que articulaba la ciudad. Y fue el cabildo la institución colonial que más contribuyó en el establecimiento de ese orden.

Finalmente, ya consolidada la población de La Asunción, el Procurador de Margarita Alonso Suárez del Castillo solicita a la Corona española el título de ciudad para La Asunción. El Capitán Suárez del Castillo desde muy pequeño llegó a las costas del oriente de Venezuela y sirvió al rey de España en Cumaná, Margarita y Caracas, donde obtuvo algunos cargos de gobierno como Alcalde Ordinario, Procurador y Teniente Gobernador. Según Subero (1980, p. 33), el 27 de noviembre de 1600 la Corona española accede a la petición de los margariteños hecha a través de su Procurador y concede el título de Ciudad a La Asunción y el Escudo de Armas.

En la obra del maestro Subero (1977, p. 181), se puede consultar el texto del conferimiento de título de ciudad a La Asunción, que dice así en castellano antiguo:

> Don Phelippe, etc., por quanto vos, el capitán Alonso Suárez del Castillo, en nombre y como procurador general de la isla Margarita, me avéis hecho relación que el pueblo de la ciudad de La Asumpción della, que así se ha llamado desde su fundación, es muy leal y está poblada de gente principal y cercada de muralla la mayor parte y que todos los vecinos me han servido... por la presente quiero y es mi voluntad que agora y de aquí adelante para siempre jamás el dicho pueblo sea y se intitule la ciudad de la Asumpción de la dicha isla como asta aquí se a nombrado, y asimismo quiero que sus vecinos gozen de todos los privilegios, franquezas y gracias de que gozan y deven gozar todos los vezinos de semejantes ciudades, y que ésta pueda poner el dicho título y se ponga en todas las scriptura.

Haber obtenido el título de ciudad y su correspondiente Escudo de Armas determinó el destino de esta ciudad; a partir de allí, los habitantes convertidos en ciudadanos elevaron su autoestima y entendieron el importante papel que tal distinción desempeñó en el desarrollo del imaginario colectivo de los asuntinos. A partir de tal designación, todos los habitantes de La Asunción, hasta nuestros días, manifiestan que son de la ciudad, son citadinos, y por ello su comportamiento es distinto al del resto de los habitantes de la isla.

A la par de la decidida gestión ante la Corona realizada por el capitán Suárez del Castillo, en su carácter de Procurador General de la Isla, para lograr el título de ciudad, no hubiese sido posible tal distinción sin que previamente la ciudad hubiera tenido cabildo y el haber realizado las actividades propias de esta estructura de poder.

En cuanto al plano urbano de la ciudad, se puede decir que no fue ni es perfectamente ordenada y se adoptó allí un esquema de ubicación de la iglesia que es característico de las principales ciudades de la isla. La iglesia, en efecto, como las de las ciudades medioevales europeas, estaba ubicada dentro de la plaza, rodeada de calles, modelo que se siguió en Pampatar, Santa Ana, Los Robles, Paraguachí, Las Piedras y Juan Griego, y que las normas de las Ordenanzas de Descubrimiento y Población, de Felipe II de 1573, proscribieron expresamente. El esquema adoptado fue el de la iglesia-fuerte, que podía servir de protección y abrigo a la población, frente a los indígenas o las inclemencias del tiempo.

Comenta Subero, J.M. (1979, p. 16) que para 1595, momento en que fungía como gobernador Don Pedro Salazar, La Asunción era una ciudad amurallada; se había cercado la ciudad con una muralla y seis baluartes, construidos por instrucciones del gobernador de la isla, y con la colaboración de los vecinos a través de sus haciendas y esclavos, así como con el aporte de mil quinientos pesos tomados por el cabildo de la Caja de su majestad; la finalidad de la muralla fue proteger a la ciudad de los corsarios ingleses y demás pillos que atacaban constantemente la isla.

4. La formación del Cabildo de Margarita en La Asunción y su estructura

En atención al análisis precedente, pudiera decirse que el Cabildo de Margarita no se formó desde cero; fue un cabildo trasladado, originalmente desde el decaimiento de la ciudad de Nueva Cádiz de Cubagua, pasando por la Villa del Espíritu Santo en el Pueblo de la Mar, hasta llegar al Valle de Santa Lucía, posteriormente declarada como la ciudad de La Asunción. En consecuencia, la Villa del Espíritu Santo, que será luego, al fundirse con Santa Lucía, la ciudad de La Asunción, según Morón (1995, p. 84) tenía su cabildo desde antes del 14 de abril de 1564, compuesto de la siguiente manera: Teniente de Gobernador, Pedro de Viedma; Alcaldes Ordinarios: Sebastián de Villena y Manuel Fernández Ribero; Regidores: Gaspar Rodríguez, Francisco Carrión y Rodrigo Valiente; Escribano: Pedro Angulo; todos traslados a La Asunción. Cabe destacar que el Teniente de Gobernador en la ciudad capital y el Gobernador, donde se encontrase presidía el cabildo con derecho a voz[10].

A decir por Subero (1980, p. 27), para el año de 1593 el Cabildo de La Asunción estaba integrado por las siguientes personas: Nicolás Dávila de Aguiar, Cristóbal Velásquez de Rojas, Rodrigo Suárez del Castillo, Domingo Marcano, Francisco Vásquez Bravo, Juan Alonso, Diego García y Pedro Villarroel.

Se puede afirmar que la estructura básica, tanto del Cabildo de Nueva Cádiz como el de la Villa del Espíritu Santo, que se traslada a La Asunción, está formada así: Regidores, Alcaldes, Procurador, Alférez, Oficiales, Escribano, Alguacil, Fiel Ejecutor y Alcalde de la Hermandad. Afirma Mago de Chópite (2012, p. 65) que la estructura del cabildo, regimiento o ayuntamiento se mantendrá a lo largo de tres siglos, con escasas modificaciones que se van dando en función de los intereses de la Corona en cuanto al número de funcionarios, sus funciones específicas y pérdida progresiva de su autonomía.

Los regidores eran los funcionarios que tenían como principal atribución administrar la ciudad e intervenir en todos los asuntos locales, visitar los mercados, poner tasa a la comercialización de los productos de primera necesidad y ejecutar las ordenanzas del cabildo. El número de regidores variaba según la dimensión de la ciudad; en las ciudades importantes había hasta doce regidores en el cabildo, mientras que en las pequeñas ciudades o villas llegaba hasta seis. Los primeros regidores de una villa eran designados por el fundador o por consulta a La Española, en Santo Domingo, y luego debían ser elegidos cada año por los vecinos, por lo que se les llamaba cadañeros.

Los regidores se nombraban con rango, por la votación, esto es, regidor del primer voto, de segundo, y hasta el número correspondiente a cada ciudad. Posteriormente, los cargos de regidores podían ser comprados, y hasta tener carácter perpetuo, reservado a los miembros de la nobleza criolla. Nos enseña el maestro Subero (1980, p. 30) que en Margarita el cargo de regidor valía doscientos pesos de plata, de diez reales. Así, el 23 de abril de 1594, Tomás de Lugo pide confirmación del oficio de regidor que le había vendido Simón de Bolívar, el viejo, a nombre de la Real Audiencia, y por el que pagó dos-

[10] El gobernador era el funcionario real de mayor categoría de la provincia durante la época colonial, y conjugaba el gobierno civil (administrativo y judicial) y el militar; se constituía en la cabeza del gobierno y representaba al Rey.

cientos ducados. Otras veces se remataba el cargo de regidor, como cuando lo obtuvo en La Asunción el capitán Juan Sánchez Maraver, el 28 de agosto de 159.

Los alcaldes eran de tres tipos: alcaldes ordinarios, alcalde mayor y alcalde de la Hermandad. Los alcaldes ordinarios ejercían las funciones jurisdiccionales en primera instancia (civil y criminal); adicionalmente, de forma expresa les fue encomendada la función de poner aranceles a las ventas y mesones de su jurisdicción. Mientras que el alcalde mayor tenía la representación gubernativa y llegó a asumir las funciones de un verdadero gobernador. Eran designados por el rey, virrey y gobernador para una región determinada. El alcalde de la Hermandad, era un funcionario electo por el cabildo y tenía como misión perseguir y juzgar los delitos cometidos en yermos o despoblados, esto es, en las zonas adyacentes a las ciudades y villas, estando sujeto a la jurisdicción de los alcaldes ordinarios y encabezaban lo que se conocía como cuadrilleros.

Para 1561 era alcalde ordinario de la Villa del Espíritu Santo, Manuel Rodríguez, a quien Lope de Aguirre le hizo dar muerte, como también al gobernador Don Juan Sarmiento de Villandrando y al alguacil Cosme de León. En 1593 los alcaldes ordinarios de La Asunción eran Don Nicolás de Aguiar y Don Cristóbal Velásquez de Rojas, quienes tuvieron que tomar interinamente el gobierno de Margarita por la muerte del gobernador Villandrando[11], el 13 de noviembre de 1593 (Subero, 1996, p. 183).

El procurador general del cabildo era un representante del común o de los pobladores en el ayuntamiento. Sus deberes incluían el mandato del cabildo ante los vecinos, de éstos ante aquél y de ambos ante el rey, ante el Consejo de Indias, audiencias y tribunales. Tenía voz, pero sin voto en el cabildo y siempre fue un cargo electivo cadañero. El Procurador, quien obraba en nombre del pueblo, supervigilaba las costumbres de los regidores, tenía derecho de asistir a las deliberaciones del ayuntamiento y protestar de las decisiones contrarias al interés público y apelar ante la autoridad superior. Este cargo derivó en lo que se conoció posteriormente, y se mantiene en la actualidad, como el Síndico Procurador Municipal.

Por su parte, el cargo de alférez real era honorífico; tenía voz y voto en el cabildo, preeminencia sobre el regidor más antiguo, y de-

---

[11] Según Mago de Chópite (2012, p. 84), por Real Cédula de Felipe II del 8 de septiembre de 1560, se otorgó a los Alcaldes Ordinarios el derecho de gobernar en cada una de las ciudades y villas de la Provincia de Venezuela, en caso de fallecimiento del Gobernador, hasta tanto su Majestad lo provea, sin que la Audiencia ni el Presidente de Santo Domingo pudiera nombrar Gobernador Interino en ningún caso ni con ningún pretexto.

vengaba el doble del sueldo del regidor. Se le agregaba el carácter real, debido a que era la persona acreditada para llevar el pendón real, en representación de su majestad. Por último, era un cargo que se podía vender.

Los oficiales nombrados directamente por el rey para ejercer las funciones específicas de la Hacienda Real eran: el tesorero, el veedor y el contador. Eran funcionarios reales de autoridad nacional, y no local, como la del alcalde y la de los regidores,. El tesorero tenía a su cargo el arca de tres llaves, donde se guardaban los bienes y el patrimonio perteneciente a su majestad. El veedor desempeñaba funciones de inspector de obras; su oficio era verificar y reconocer si se encontraban conformes a las normas las obras de cualquier gremio u oficina de bastimentos. Así como el contador, que debía colaborar con el tesorero y velar por los bienes e intereses reales. Según Subero (1996, p. 176), por Real Cédula del 30 de octubre de 1591, se les permite a los oficiales reales de la isla de Margarita que tengan jurisdicción para cobrar la hacienda real.

El cargo de escribano del cabildo era muy importante, ya que esta persona estaba encargada de llevar el Libro de Acuerdos, debiendo guardar rigurosamente secreto de lo tratado en el ayuntamiento; también estaba encargado de llevar y preservar los Libros de Depósitos. Era un funcionario real, cuya presencia era indispensable para dar legalidad a los actos del cabildo; fungía como secretario y notario. El cargo de escribano fue de oficio vendible. Don Juan de Montes de Oca fue el escribano que firmó las ordenanzas sancionadas por el Cabildo de La Asunción en 1594.

Mientras que el depositario general era un funcionario municipal, electo por los cabildos, quien tenía como atribución tomar a su cargo, en calidad de depósitos, aquellos bienes muebles, inmuebles, prendarios, dinero, que estuviesen en litigio, mientras éste terminaba; este cargo se mantiene en la actualidad en Venezuela, dentro de las funciones de auxiliares de la administración de justicia, y se le denomina depositario judicial.

Por su parte, el Alguacil Mayor era un cargo de elección anual por parte del cabildo, para ejecutar o materializar las decisiones de la real justicia. Era un cargo ejecutivo policial. El Alguacil Mayor era el jefe de la policía local. Rondaba los lugares públicos, tomaba presos a los que indicaban las autoridades superiores y perseguía los juegos y pecados públicos. Velaba por el orden público y podía estar asistido por alguaciles menores.

El fiel ejecutor vigilaba y ejecutaba órdenes y ordenanzas ajenas; no podía castigar por sí mismo, antes sólo denunciar. Impedía el alza de los precios y señalaba lugares de ventas de víveres. Era un cargo de responsabilidad en el ordenamiento económico de la comunidad, ya que regulaba el abastecimiento. En pocas palabras el fiel ejecutor era el encargado de la policía de abastos y fijación de precios de los bastimentos, la verificación de pesos y de medidas.

Los cabildos, según se desprende de sus actas capitulares, se consideraron facultados desde el primer momento para elaborar sus propias ordenanzas, como el caso del Cabildo de La Asunción, y así lo ejercieron desde los inicios de su vida institucional en el siglo XVI. Las ordenanzas municipales, por tanto, aparecen en América antes que las disposiciones que las regulan, como es característico de las instituciones locales de la América Hispana; y, según comenta Domínguez Compañy, F. (1982, p. 6), su frecuente utilización por los cabildos y otras autoridades tiene su razón de ser en la amplia autonomía que la Corona le reconoce a las instituciones establecidas en América.

CAPÍTULO II: EL CONTEXTO SOCIOECONÓMICO EN LA MARGARITA DE FINALES DEL SIGLO XVI

1. Tipo de población y sus relaciones sociales

Como se afirmara en el capítulo anterior, los pueblos en Margarita no se crearon de la nada; muchos de ellos tenían una base indígena cuando llegaron los españoles; por lo que los pueblos de indios de Margarita dieron origen y paso a los pueblos de españoles. No obstante, lo anterior, la intención de la Corona era que las comunidades originarias conservaran los derechos sobre las tierras que venían poseyendo, y así les fue reconocido y otorgado desde tiempo inmemorial por los reyes de España.

La principal tribu predominante en la zona era la guaiquerí, y sus principales poblados fueron: Agua de Vaca, Los Cerritos, Manzanillo, El Tirano, Palguarime, Macanao, Altagracia, La Mira y La Vecindad. Como nos enseña el maestro Subero (1980, p. 23), la convivencia entre blancos e indios permitió en Margarita el temprano fenómeno del mestizaje y que sus pueblos fueran al mismo tiempo de blancos y de indios. Se cuenta que los indígenas guaiqueríes eran muy dóciles y facilitaron la colonización y el poblamiento, hasta el punto de que permitieron la mezcla con los colonizadores a través del mestizaje de forma muy natural e inmediata.

En el libro del margariteño Rosa Acosta, R. (1984, p. 8) denominado *Diccionario geográfico-histórico del Estado Nueva Esparta*, se lee un párrafo que resalta el fenómeno del mestizaje que se produjo en Margarita, y que vale la pena reproducir:

> Grandes diferencias se interpusieron entre descubridores y aborígenes, pero entre tantas pugnas e incomprensiones, hubo algo irresistible, en el cual quedó prendido el conquistador. Lo que no alcanzaron el dardo, la flecha, el arcabuz, la espada, lo alcanzan las mujeres. Son los hijos que nacen de blancos, indios y negros, quienes al final poblarán poco a poco a Hispanoamérica con una nueva humanidad. En las mujeres indias deja el blanco sus hijos pardos y el negro sus hijos zambos y en las negras el blanco sus hijos mulatos- Así nace el mestizaje que fue conformando nuevos sentimientos y nuevos ideales.

El producto humano de aquel mestizaje fue la base de la consolidación del poblamiento de los pueblos de América, y Venezuela no escapó de ello; de hecho, fue donde se gestó ese germen humano multicultural, y que posteriormente configuró la propia identidad local de los pueblos que conformaron el Nuevo Mundo.

Aunque resulta conveniente precisar que la relación con los indígenas hombres no fue siempre tan cordial en Cubagua y en Margarita. Muchas veces esta población fue esclavizada y abusada hasta la muerte, generando una reducción significativa de los pobladores originarios. Sin embargo, desde los orígenes, la posición oficial de la Corona fue proteger a la base indígena. Según Barrientos Grandon, J. (2004, p. 231), desde 1500 los Reyes Católicos declararon que los indios eran personas y vasallos libres de la Corona de Castilla, prohibiéndose que se pudieran aprehender y esclavizar. Tal posición fue ratificada por medio de las Leyes de Burgos de 1512, en donde se expresaba que los naturales del Nuevo Mundo son libres, tal y como lo había declarado la Reina Isabel[12].

Posteriormente, en 1514, se establecieron requerimientos ideados por Juan L. Palacios Rubio, que permitían esclavizar a los indígenas que no se sometieran al obedecimiento de la Iglesia y la Corona. Se constituía en una especie de discurso, entre consejo y advertencia, para el indígena. En ese sentido, en el trabajo de Pinto C., M. (1967, p. 341), nos encontramos con una carta de relación que le dirige Fray Martín Vázquez, Obispo de Puerto Rico, al Licenciado Manso de Ojeda, fechada 26 de julio de 1604, donde se destaca la situación de los indios guaiqueríes en la isla de Margarita, que dice lo siguiente:

> Al consejo tengo escrito como los indios Guaiqueries, que ay en esta isla bien como antiguamente en su paganismo, yo he hecho que se visiten, y alisten todos, enbio al Consejo el número que son y su manera de vivir, que me quiebra el corazón...
> ...estos indios señor Excelentisimo, son de grandisima importancia, para la conservación y defensa de esta isla, y cada dia se van disminuyendo, por las vexaciones que les hacen, porque fuera de obligarles los gobernadores a que les sustenten sus casas de leña, pescado, sal, conejos y venados y otras cosas sin darles un maravedí que no se que ley divina ni humana ay que les obligue a esto.

En el caso de Margarita, y especialmente el Valle de Santa Lucía, que posteriormente fue denominada la ciudad de La Asunción, estaba poblada originariamente por indígenas; pero rápidamente se pobló de colonos españoles, por el hecho de las bondades que ofrecía la zona y por establecerse allí el asiento de las autoridades políticas y eclesiásticas. Muchos más, después de haber sido declarada ciudad y de habérsele conferido su escudo de armas.

---

12 Según la Real Provisión de la Reina Isabel del 30 de octubre de 1503, sólo se autorizaba esclavizar a los indios Caribes, a quienes se les acusaba de rebeldes, antropófagos e insumisos a todo dar (García 2010, p. 37).

Para el 4 de noviembre de 1564, fecha sobre la que se comienza a producir el traslado del poblado desde la Villa del Espíritu Santo, La Asunción aún se llamaba Santa Lucía, y se cuenta que tenía aproximadamente sesenta vecinos casados con sus mujeres e hijos, además de otros cuarenta o cincuenta solteros entre vecinos antiguos y viudas. Luego Heredia Herrera, A., (1996, p. 15) agrega que, para el año de 1583, existen referencias de que la incipiente población española estaba constituida por algunas familias, escasas en los primeros tiempos, que no sobrepasaba el total de los vecinos de 400 personas. Y luego, en los primeros años del siglo XVII, La Asunción continuaba siendo la localidad más importante de la isla, por su carácter de ciudad y por el número de sus habitantes. Se dice que la población se componía de 404 casas, una iglesia parroquial con dos curas propietarios, una ermita bajo la advocación de San Pedro Mártir y dos conventos, el de Santo Domingo y el de San Francisco (Heredia Herrera, 1996, p. 17).

2. Productos para la alimentación

Como hemos estudiado hasta ahora, a finales del siglo XVI, en la Isla de Margarita aún no se habían consolidado los poblados ni se habían eliminados los principales problemas que la aquejaban, muchos de ellos evidenciados desde el esplendor de la isla de Cubagua, como era el ataque de los piratas y corsarios, la escasez de agua y la producción de alimentos suficientes para abastecer a la población.

Sin embargo, resulta importante destacar que, en los primeros tiempos de la colonización, en las costas de Margarita y de Cubagua no sólo existían los abundantes bancos de perlas, sino también gran cantidad de variadas especies de peces; por ello, el nombre indígena de Margarita, como Paraguachoa. Así mismo en Cubagua se mantenían corrales con aves y con ganado menor, como puercos y cabras, para la alimentación de los pobladores, además de los frutos, hortalizas y cabras que se cultivaban y criaban, respectivamente, en Margarita para abastecer a Cubagua. Aunque, Gómez, A.F., (1991, p. 16), sostiene que:

> Además de la dieta obligada de pescados y productos agrícolas provenientes de Margarita, los cubagüenses también consumían productos europeos, que les llegaban directamente de Sevilla: Pipas de vino de Guadalcanal, pipa de vino blanco de jerez, pipa de vino tinto de jerez, tocinos, perniles, espaldas de tocinos, vinagre, arroz, almendras, ajos, nueces, pasas, higos, jarretas de alcaparras, cajas de carne de membrillo, tocinetas, quesos, botijas de miel, tocinos de la Sierra, jengibres, fanegas de garbanzos, conservas de membrillo, de duraznos, de peras, barriles de dátiles, ciruelas pasas, azafrán, canela, pimienta, vino de Chipiona, bizcochos, habas, atún, sardinas en barriles, orégano, etc.

En Margarita había manantiales de agua corriente, que permitieron desarrollar una incipiente actividad agrícola. Actividad que se profundizó a partir del decaimiento de la isla de Cubagua y la desaparición de los placeres perleros. La agricultura en Margarita tuvo su principal asiento en San Juan, los Valles del Espíritu Santo y Santa Lucía, Tacarigua, Paraguachí y Pedro González. Los frutos que se daban en ellos eran reconocidos por su gran sabor, especialmente los plátanos, dátiles, higos, uvas, guanábanas, anón, cerezas, pan del año, lechosas, melones, patillas, yaguarey, auyamas, caimito, naranjas, piñas, limones, distintas variedades de jobos, ciruelas y aguacates (Gómez, 1991, p. 18). También se cultivaban tubérculos como la yuca dulce y la yuca amarga, que se empleaba para la fabricación del casabe; el maíz para consumo doméstico y el tabaco, cuya producción llegó a exportarse en varias oportunidades. Con la caña de azúcar, además del papelón para uso doméstico, se destilaba el ron, sobre el cual existe toda una tradición en Venezuela.

Según Gómez, (1991, p. 17), el primer poblador europeo en Margarita fue Pedro de Alegría, quien se estableció en el Valle de San Juan, donde poseyó un hato de vacas, las cuales se multiplicaron prodigiosamente. En ese mismo valle, Pedro de Villardiga, Teniente de Gobernador de los herederos de Marcelo de Villalobos, fundó otro hato con ganado traído desde Santo Domingo. Por otra parte, señala el maestro Subero (1996, p. 162) que, para 1569, Margarita era un centro irradiador de ganadería, debido a que el 4 de octubre de ese año llegó a la isla de Margarita Diego Fernández de Serpa, donde compró un rebaño de 800 cabezas de ganado, "para llevarlas hasta los llanos venezolanos".

En consecuencia, la alimentación principal en Margarita y en las costas pobladas de Venezuela consistió en carne de pescado y ganado caprino, tubérculos, maíz, yuca y algunas frutas de la región (coco, cambur, mamey, mango, etc.), así como huevos de aves marítimas y de peces, como lo afirma Lovera, J.R., (1998, p. 94), cuando analiza los aspectos de la alimentación en la zona costera de la Venezuela colonial.

Ahora bien, la imperiosa necesidad de resolver sus problemas inmediatos de abastecimiento sobre el terreno colocó a los colonizadores hispanos en una situación de dependencia casi absoluta respecto de los renglones productivos y de los patrones de consumo de la base indígena existente, ineludible circunstancia que dio lugar a las lógicas situaciones de asimilación y de rechazo de lo indígena. En general, la tendencia fue a aceptar sin mayores complicaciones esos productos y costumbres, en virtud de su transitoriedad, hasta que se fueron incorporando las costumbres y productos europeos; la pronta ampliación de la base productiva aborigen con la traída de productos foráneos, redujo esa dependencia.

En tal sentido, los renglones productivos más comunes, es decir, el maíz, la yuca y la papa, fueron ampliamente aprovechados como recursos alimenticios de primera mano durante las movilizaciones de los expedicionarios, para luego ser sustituidos en tanto base de la dieta por el trigo, las hortalizas, los condimentos y el ganado. Algunas formas de consumo derivadas de dichos renglones productivos lograron, sí, una acogida favorable, extendiéndose con rapidez e integrándose una vez estructurados los núcleos primeros y primarios al régimen alimenticio habitual de los nuevos pobladores. Esas formas fueron, básicamente, el casabe (preparado a partir de la yuca), distintas elaboraciones del maíz como tortillas, bollos y chicha, derivados del cacao y derivados del maguey. Según Ríos de Hernández, J., (2008, p. 67), también se generalizó el uso del ají como aderezo para los variados alimentos, tanto de origen europeo como de procedencia americana.

Está claro que los conquistadores españoles, a la par de su satisfacción de vivir a costa de los pueblos que habían conquistado, y de absorber parte de sus costumbres alimenticias, no dejaban de estar ansiosos por continuar disfrutando, en tanto fuera posible, con los estilos de vida y gustos adquiridos en Castilla, Extremadura o Andalucía; añoraban sus vasos de vino, sus naranjas y demás frutos familiares. La satisfacción de tales deseos implicaba enormes cambios en las economías que habían heredado, cambios que transformarían a su vez los sistemas ecológicos de las nuevas tierras; ya que las economías indígenas se basaban principalmente en el cultivo del maíz, que por cierto, rendía mucho más que el trigo.

Los colonizadores españoles, aunque se acostumbraron a poco de las tortillas de maíz, siguieron apeteciendo sus hogazas de pan, a las cuales se apegaron obstinadamente durante todo el período colonial. El pan de salvado o harina mal cernida continuó siendo el alimento básico de los colonos pobres, mientras que los acomodados comían pan blanco al doble de precio (Eliot 2006, p. 93).

3. Economía predominante

Margarita vino a recibir por herencia, y en función de sus condiciones geográficas, la importancia de Cubagua, a propósito de su decaimiento, producto de los acontecimientos climáticos y humanos que atentaron en contra de la sostenibilidad de la ciudad de Nueva Cádiz; todo esto, a la par del descubrimiento en 1537 de nuevos ostrales, los del Espíritu Santo, que le daban una base económica para avanzar como poblado y para mantener el interés de los españoles en la zona.

En ese sentido, en los primeros años, la principal actividad económica de la región seguía siendo la pesca de perlas. La riqueza perlífera beneficiaba a todos; por una parte, a aquellos que se dedicaban a la actividad y, por otra parte, al Tesoro Real, ya que se debía pagar un impuesto por dicha actividad; el gravamen de los quintos reales suponía a la Hacienda anualmente unos 100.000 pesos, a pesar de los fraudes que se cometían.

El beneficio desmedido que obtuvieron algunos de los actores involucrados con la actividad perlífera, y la codicia de estos, produjeron la elaboración de unas ordenanzas en 1591 para ser cumplidas de forma imperativa. Estos instrumentos normativos establecían que cualquier vecino de la Isla, dueño de canoas, podía dedicarse a la pesquería, comprometiéndose desde luego a pagar a la Corona los quintos; acordaban, además, que las rancherías estarían gobernadas por un alcalde y cuatro diputados, a manera de consulado; que los canoeros saldrían a pescar en grupos, para en caso de ataques enemigos, auxiliarse y defenderse. El siglo XVI fue el más productivo en perlas; comenta Heredia (1996, p. 20) que en el siglo XVII y XVIII la decadencia se acentuó, favorecida por los ataques corsarios que impedían la salida de los canoeros por temor a alejarse de la costa.

La misma actividad económica y productiva de las perlas originó otro negocio colateral, como fue la esclavitud. Para desarrollar el negocio de las perlas, fue necesario aumentar la demanda de negros para el buceo, ya que por una parte las leyes prohibían la utilización de los naturales en tal operación, y por otra parte, los negros eran más fuertes y resistían más en esa labor.

Se puede afirmar que la segunda actividad económica desarrollada durante esa época en Margarita fue la pesca en general. Desde sus orígenes, los indígenas pescaban para procurarse alimentos para su subsistencia; estos utilizaban redes fabricadas por ellos mismos y en ocasiones pescaban directamente sin ellas. Al llegar los españoles a tierras americanas, aportaron sus técnicas para mejorar los sistemas primitivos empleados en la actividad pesquera.

Definitivamente, al acabarse los ostrales de forma permanente, los locales vuelven a dedicarse al comercio basado en pescado salado, y según Subero (1980, pp. 49-50) adicionalmente comienza a desarrollarse el comercio con mercaderías que ingresaban a los puertos de Margarita procedentes, unas veces de España o de las Islas Canarias, otras de las colonias extranjeras, bien por vía legal o a través de la práctica del contrabando a que tan dados eran los insulares y hasta con productos derivados de presas tomadas por los corsarios.

Como menciona Heredia (1996, p. 21), otras de las riquezas que poco se mencionan eran las salinas de Margarita, opacadas inicialmente por las famosas Salinas de Araya, cerca de Cumaná, pero que necesariamente fueron reflotadas en el siglo XVIII cuando aquellas quedaron anegadas por una importante vaguada.

La agricultura y la ganadería también ocuparon un lugar de importancia en la economía de la Isla de Margarita, pese a la escasez de agua, debido a que no llovía, ni llueve mucho, y tiene pocas afluentes y ríos de importancia. Sin embargo, en algunos valles ya comentados se pudo mantener una pequeña actividad agrícola produciendo productos de gran calidad. En ese sentido, la vegetación se reduce a formaciones de manglares que crecen en aguas saladas de la costa, arbustos pequeños en las laderas de los montes y palmas en los valles. Lo que no impidió que se produjeran algunos rubros agrícolas para la exportación, como el tabaco y la cañafístola; así mismo que se desarrollara, en una época, una actividad importante de ganadería, hasta el punto de que se pudo exportar productos desde Margarita hacía otros lugares.

En el Valle de San Juan Bautista, la actividad ganadera cobró capital importancia, multiplicándose en cuanto a las especies allí criadas; había ganado domesticado y bravío o salvaje. En virtud de ello, según Subero (1980, p. 51), Margarita se transformó en un centro difusor de la ganadería, pues proveyó de crías de animales domésticos a los colonos que iniciaban el poblamiento del norte de Sur América, que carecía de ellos.

En ocasión de las actividades productivas que se desarrollaron en la Isla de Margarita y que generaron productos de calidad, se desplegó una actividad de exportación de alguno de sus rubros productivos. Como nos muestra Subero (1977, p. 200), existe referencias de personas que se dedicaron a la exportación desde Margarita, en su mayoría habitantes de La Asunción, productores de los artículos exportados. Figuran entre ellos los miembros de la oligarquía, como el depositario general Francisco González de Lugo que, en 1604, remitió a su hermano Tomás de Lugo en Sevilla, dos quintales de cañafístola, y el alguacil mayor Antonio Veneciano, que en 1613, al marchar a España, se llevó 16.500 libras de tabaco de su propia cosecha. Varios capitanes, como Juan Pérez de Amparan, Don García de Guzmán y Don Bartolomé de Vargas Machuca, exportaron tabaco, sin duda también de sus cosechas. Realizaron frecuentes exportaciones varias mujeres, todas ellas vecinas de La Asunción: Doña Catalina Veneciano del Castillo, Doña Ana María Tello, Doña Luisa de Quiñones y Doña Andrea de Ulloa; entre los destinatarios de sus remesas figuran los mercaderes y empresarios más destacados del comercio entre Sevilla y Venezuela, como los mercaderes Pedro de Allende y Fernando Pinto de Fonseca, y el capitán Pedro de las Muñecas. También figuran los exportadores sacerdotes, como el padre Bartolomé de Almenara, clérigo de La Asunción que, en 1613, exportó 400 libras de tabaco.

4. Los ataques de piratas y corsarios en Margarita en el siglo XVI

Se debe tener claro que la vida en las islas de Margarita y Cubagua durante el siglo siguiente al descubrimiento no era precisamente apacible. Sus habitantes permanecían en una constante zozobra; por una parte, dependiente de las instrucciones provenientes de España y, por otra parte, mucho más inquietantes, los constantes ataques de piratas y corsarios en las costas insulares. Como efectivamente lo señala Heredia (1996, p. 51), durante todo el siglo XVI y el siglo XVII, el mar de las Antillas va a ser el escenario de las luchas entre la piratería extranjera y la nada floreciente marina peninsular.

Ingleses, holandeses y franceses serán los principales pueblos protagonistas de estas luchas; y la Margarita se constituirá en uno de los principales escenarios de esas confrontaciones y de los actos delictivos, protagonista de excepción de la despiadada lucha por la codicia y el poder. No podemos olvidar el paso de Lope de Aguirre por estas tierras y los efectos perjudiciales que tal accionar dejaron a la región.

En la isla, el temor al enemigo era constante. Su situación de lugar de paso hacia Tierra Firme mantenía en un estado de inquietud a sus habitantes que, con frecuencia, veían pasar las urcas flamencas y los navíos franceses e ingleses, obligándoles a huir a los montes y montañas para ponerse a salvo. Ese, pues, era el escenario que influía en el desarrollo de la vida de los margariteños y que determinó la toma de decisiones en muchas ocasiones en determinados sentidos.

El 15 de agosto de 1575, corsarios franceses se adueñaron de La Asunción, y exceptuando la iglesia y cuatro o cinco casas, lo habían reducido todo a la nada; devastaron lo que consiguieron a su paso, llevándose consigo gran cantidad de bastimento, afectando a la población.

Refleja el maestro Subero (1996, p. 28) que el 2 de febrero de 1584 se emite una carta del Licenciado Castro fechada en La Asunción, denunciando que los corsarios utilizaban pilotos portugueses, con lo que trataba de dejar una duda si realmente los portugueses contribuían con los corsarios. No obstante, para esta fecha, por ciento cincuenta españoles que habitaban la isla, había quinientos portugueses, con el agravante de que uno de los alcaldes era el lusitano Nicolás de Aguilar.

CAPÍTULO III: LA ADOPCIÓN DE LA ORDENANZA PARA EL BUEN GOBIERNO POR EL CABILDO DE LA ASUNCIÓN EN 1594

1. El derecho indiano o derecho colonial

El derecho, producto de la historia, es también uno de sus factores; como cualquier otro elemento de la totalidad histórica, el producto se transforma en causa. Es causa por su simple posición en la estructura del todo. No existen elementos pasivos en el complejo histórico, y de esta suerte, el derecho puede ser considerado, como signo dinámico de un orden social, testigo del progreso de la civilización y motor de cambios trascendentales (Bassols 1985, p. 20). En consecuencia, el derecho puede ser considerado una técnica lógica; pero sus postulados primarios siempre están configurados en su forma elemental, por las grandes fuerzas de los hechos históricos de la época en que se producen y del que forman parte indiscutible.

Entendiendo por derecho indiano al conjunto de reglas, normas y leyes dictadas por los reyes y otras autoridades de la metrópoli (gobernadores, delegados, y representantes del rey) con la finalidad de regular las situaciones que se fueron presentando a propósito de la conquista y, posteriormente, para instaurar un régimen jurídico especial que rigiera para las Indias. En principio, el derecho indiano era un cúmulo de disposiciones dispersas, ya que comprendía el Derecho de Castilla, las costumbres indígenas, las Bulas pontificias, las Capitulaciones celebradas entre la Corona española y los descubridores y conquistadores e, incluso, las mismas costumbres inoculadas entre la población criolla; además de las normas dictadas especialmente para las Indias, que pretendían regular las manifestaciones de la vida social, que, por producirse en el territorio conquistado, ameritaban una regulación diferenciada (Bernad 2013, p. 286).

El derecho indiano se caracterizaba por contar con un contenido fundamentalmente de Derecho público, o de interés general, al abordar cuestiones regulatorias económicas y sociales (comercio y trato de los indios), políticas y administrativas, derivadas de la obligada desconcentración, como consecuencia de la distancia geográfica de la colonia con la metrópoli situada en España. A ello hay que añadir una abundante normativa eclesiástica a fin de regir las relaciones espirituales de los nativos y la penetración de la Iglesia. Mientras que el Derecho castellano se aplicó como supletorio, sobre todo, en el campo del Derecho privado.

Efectivamente, desde los primeros tiempos que siguieron a la conquista las autoridades reales se preocuparon por establecer reglas de conducta, ya para regular cuestiones fiscales a favor de los intereses de la Corona, para tratar de proteger a los nativos de los territorios conquistados, o para regular cualquier circunstancia o detalle necesario para el desarrollo y convivencia de los pueblos descubiertos y fundados.

A partir de aquí podemos afirmar que el incipiente sistema normativo indiano se nutre principalmente, por un lado, de las leyes dictadas para regir en aquellos territorios alcanzados y, por otro, del derecho de Castilla; si bien la relación entre estos dos elementos fue variando a lo largo del tiempo, ya que, cada vez que avanzaban los años, el derecho indiano se iba imponiendo o sustituyendo al derecho castellano. Aun así, el derecho indiano nace del derecho castellano al adaptarse a las especiales circunstancias de la Colonia, pues en los primeros tiempos de la conquista se transfiere íntegramente a Indias y luego va tomando matices particulares.

Nos señala Brewer-Carías (1997, p. 49) que, en España, para el momento del descubrimiento, el ordenamiento jurídico era diverso y disperso; cada uno de los diferentes reinos que lo conformaban tenía sus propias normas. Así, todavía en el siglo XV los reinos de Castilla y Aragón, a pesar de la unión personal y dinástica de los Reyes Católicos, conservaban su propio ordenamiento político, administrativo y jurídico. En tal sentido, resulta importante aclarar que en el reino de Castilla existían dos clases de legislaciones: la local, constituida por los fueros municipales, y la de índole territorial, aplicada en todo el país castellano. Los fueros municipales contenían el conjunto de normas que regían en cada localidad, condicionadas por el derecho común derivado de las costumbres de las diversas poblaciones, de origen germánico, que se continuaban acatando.

Ahora bien, por disposición de los propios Reyes Católicos, las tierras descubiertas quedaron incorporadas a la Corona de Castilla, razón por la cual en el Nuevo Mundo siempre rigió el derecho castellano. Así lo reafirmó, por ejemplo, Carlos I (Carlos V, emperador del Sacro Imperio Romano Germánico 1520-1558) en las Ordenanzas de Audiencias de 1530, y Carlos II, en la Recopilación de la Leyes de los Reynos de las Indias de 1680 (Libro II, título I, ley II), en las cuales el derecho castellano quedó expresamente recogido como derecho supletorio, en la forma siguiente:

> Ordenamos y mandamos, que en todos los casos, negocios y pleitos en que no estuviere decidido, ni declarado lo que se debe proveer por las leyes de esta Recopilación, ó por Cédulas, Provisiones, ú Ordenanzas dadas, y no revocadas para las Indias, y la que por nuestra orden se desecharen, se guarden las leyes de nuestro Reyno de Cas-

tilla, conforme á la de Toro, así en quanto á la sustancia, resolución y decisión de los casos, negocios y pleitos, como á la forma y orden de sustancias (p. 49).

Así pues, no sólo el derecho castellano estaba vigente en las Indias, sino que también se erigió en modelo legislativo; ya que Felipe II dispone en las Ordenanzas del Consejo de Indias de 1571 que la forma y manera del gobierno de las Indias siga el estilo y orden de los Reinos de Castilla y León en lo que hubiera lugar y permitiera la diversidad territorial.

Se puede situar un inicio de esta pretensión regulativa a partir del Código de las Siete Partidas; éste constituyó, dentro de la política legislativa de Alfonso X de Castilla "El Sabio", el centro de sus esfuerzos para difundir el conocimiento del derecho en la Europa Occidental, habiéndose realizado su redacción entre 1256 y 1263. Dentro de las principales fuentes utilizadas para la preparación del texto estuvo el *Corpus iuris civilis*, por lo que las Partidas adoptaron el sistema romano de división en libros, títulos y leyes, que, como compilación jurídica fundamental, abarcó todas las manifestaciones del derecho en la época.

Lo cierto es que sólo fue durante el reinado de Alfonso XI, casi un siglo después de la publicación del Código, cuando sus leyes adquirieron fuerza obligatoria en virtud de la adopción por las Cortes en Alcalá de Henares, en 1348, del Ordenamiento de Alcalá. Manteniéndose esa obligatoriedad en lo sucesivo, con la particularidad de que en las nuevas recopilaciones que se fueron promulgando, las mismas se iban incorporando a la lista, siempre en primer lugar; así sucedió con la Nueva Recopilación (1567) y con la Novísima Recopilación (1805), y respecto de América con la Recopilación de Leyes de los Reynos de las Indias (1681).

Dentro de todo el elenco de normas que se produjeron desde el descubrimiento y durante el proceso de conquista y colonización, y que definitivamente influyeron en el desarrollo de la vida de los pobladores, se pueden mencionar los siguientes instrumentos: las Capitulaciones, que fueron documentos otorgados por el Rey, previa solicitud del interesado que demandaba licencia real para descubrir y poblar un territorio; en el instrumento en cuestión se otorgaba lo solicitado y se asentaban las condiciones en una serie de capítulos. El más claro ejemplo de este instrumento fue la Capitulación de Santa Fe de la Vega, otorgada por los Reyes Fernando II de Aragón e Isabel La Católica, en 17 de abril 1492, donde constan los acuerdos llegados con Cristóbal Colón para la expedición naval que pretendía emprender hacía occidente, y que culminó con el descubrimiento de América[13].

Así mismo, se incorpora en este elenco de instrumentos normativos las encomiendas, que consisten en un instrumento mediante el cual se repartían los indígenas, como objetos, a distintos colonos o conquistadores para que trabajaran en labores muy duras. Posteriormente fueron sustituidas por la institución del repartimiento, pero siempre fue muy cuestionada esta situación. Otro de los tipos de instrumentos fueron las Instrucciones dadas a los primeros oficiales reales, que consistían en las órdenes precisas impartidas a los oficiales de la Corona destacados en los territorios conquistados.

Por otra parte, las Ordenanzas de la casa de la contratación de Sevilla (1503) que regulaban con carácter de monopolio todo lo relativo al tráfico económico con las Indias hasta 1765. Las Leyes de Burgos, promulgadas en la ciudad de Burgos en 1512, que constaban de treinta y cinco normas referidas en su mayoría a la forma y modalidad de exigencia del trabajo a los indígenas; así como al reconocimiento de una suerte de derecho de propiedad reconocido a los indios sobre sus granjas y los productos de ellas derivados; el cupo de indígenas que se ha de entregar a cada encomendero, la prohibición de cargar a los nativos como bestias, la sucesión de las encomiendas y el deber de instrucción religiosa a los indígenas.

A las leyes de Burgos, la reina agregó con carácter suplementario las Leyes de Valladolid, integradas por cuatro leyes donde se regulaba la protección de las condiciones del trabajo de las mujeres indígenas, y el de los niños y niñas menores de catorce años. Sin embargo, estas normas pasaron a formar letra muerta porque no se acataron rigurosamente ni cumplieron el objetivo para el cual se dictaron.

Mención especial merecen la denominadas Leyes Nuevas, que fueran aprobadas por Real Ordenanza de Barcelona en 1542-1543, para denunciar y tratar de remediar la escasa aplicación de las leyes anteriores. La mitad de su contenido se refería a las instituciones del gobierno de las Indias tendentes a lograr la rectitud y probidad administrativa. También se regulaba la condición de los indígenas, prohibiendo su esclavitud y reconociendo su libertad, así como prohibiendo expresamente el carácter hereditario de las encomiendas, que se extinguirían a la muerte del titular en esa época. En 1543, se añaden

---

13 Para acceder al contenido de las capitulaciones se recomienda consultar: http://www.unesco.org/new/es/communication-and-information/memory-of-the-world/register/full-list-of-registered-heritage/registered-heritage-page-8/santa-fe-capitulations/#:~:text=Las%20Capitulaciones%20de%20Santa%20Fe,de%20la%20toma%20de%20Granada.

siete leyes más para complementar las anteriores. Sin embargo, las presiones de los colonos hicieron que el emperador Carlos V derogara, en 1545, algunas de las disposiciones de las Leyes Nuevas, entre ellas, la supresión del carácter hereditario de las encomiendas, lo que hizo consolidarse definitivamente la sucesión *mortis causa* de la institución de la encomienda.

El gran cúmulo normativo, su dispersión, la distancia entre España y los territorios donde se debía aplicar, la incompatibilidad y la resistencia de los colonos a acatar normas que perjudicaran sus intereses, produjo que ese ordenamiento jurídico se cumpliera muy poco, acuñándose el principio castellano "obedézcase pero no se cumpla"; lo que produce un evento importante para el desarrollo de las normas locales, ya que la Corona comienza a autorizar a las autoridades que residen en las Indias a que suspendan la aplicación de las leyes y a que dicten normas provisionalmente.

No obstante, ante la abundancia de normas existente en América, una de las premisas requeridas para la efectiva aplicación de la legislación de la metrópoli en los territorios conquistados y superar sus más palpables contradicciones, era el conocimiento por parte de sus destinatarios, para cuyo objetivo se promovió una recopilación de todas esas normas dispersas.

En virtud de ello, en 1510, se ordenó a la Casa de Contratación de Sevilla la trascripción de un libro de todas las disposiciones indianas. Posteriormente, en el Consejo de Indias los trabajos codificadores se inician bajo el reinado de Felipe II, a cargo de Juan de Ovando (1567-1575), visitador y luego presidente del mismo Consejo, bajo cuya dirección se gesta un inventario e índice completo de las leyes de Indias, llamado Copulata de Leyes de Indias, conocido como Código de Ovando, obra inconclusa por la muerte de su impulsor en 1575. Luego fue seguido por el Cedulario de Encinas de 1596, sin éxito.

Tras una serie de intentos fallidos, el rey Carlos II aprueba y promulga la Recopilación de las Leyes de los Reinos de Indias por medio de una Pragmática en 1680, con carácter general, de tal manera que todas las leyes recopiladas, algunas de las cuales contaban con una vigencia privativa en un determinado territorio o región, entran en vigor en toda la América hispana. Cuenta con 6385 leyes distribuidas en nueve libros, al igual que la Recopilación de Castilla de 1567, si bien la distribución de sus contenidos no coincide plenamente con la castellana. No se limita a reproducir disposiciones, sino que en ocasiones les da una nueva redacción o inserta alguna novedosa. Se nutre de las Cédulas, Provisiones, Cartas, Ordenanzas, Instrucciones, Autos de gobierno y otros despachos dictados por los Reyes de España y en su elaboración intervinieron además del Rey, el Consejo de Indias, los

Virreyes, las Audiencias, los cabildos y demás autoridades e instituciones coloniales.

Paulatinamente se observa que las normas importadas de la península se fueron incorporando y diluyéndose en las disposiciones locales, como también fueron cobrando mayor fuerza y peso las instituciones coloniales, sobre todo en la disposición de la vida social de los pueblos.

2. Las ordenanzas municipales del período colonial

Sin duda, el cabildo colonial se constituyó en la institución que concentró la función política de ordenación y control ciudadano. Esta función fue ejercida por las diferentes autoridades que lo integraban y mediante la producción de actos jurídicos para el cumplimiento de todos los habitantes. Estos actos fueron identificados como Ordenanzas, en algunos casos, y bandos en otros. Nos enseñan Samudio, E. y Robinson, D. (2009, p. 64), que la diferencia entre unas y otros puede ubicarse en que las Ordenanzas tenían un carácter más general y único; mientras que los bandos se pronunciaban para regir casos especiales o particulares, cuyo contenido debía ser anunciado públicamente por medio de un pregonero a son de caja. No obstante, se confundían ordenanzas o bandos, incluso en algunos casos fueron empleados como sinónimos. No existía una formalidad para su producción como la que conocemos en la actualidad.

En virtud de lo anterior, se debe advertir que, cuando las actas y documentos municipales de América hablan de ordenanzas, pueden estar refiriéndose a instrumentos o disposiciones de distinta naturaleza. Resulta muy ilustrativa la explicación de Domínguez Compañy (1982, p. 4), mediante la cual indica que la ordenanza puede ser un simple acuerdo del cabildo para solventar un caso específico y concreto que luego sirve de antecedente para casos similares. También se les llama ordenanzas a las disposiciones aprobadas o a los acuerdos tomados por el cabildo sobre un asunto determinado, con el fin de regularlo con carácter general; y, por último, se entiende por ordenanza el conjunto de disposiciones de carácter general y variado que forman un cuerpo orgánico de disposiciones legales, conteniendo unas veces normas de gobierno y más frecuentemente regulaciones de la vida de la ciudad, o ambas cosas a la vez.

Estos instrumentos se constituyen en una de las principales fuentes de información sobre la vida de las ciudades hispanoamericanas. Por ello, resulta ser muy rico su contenido desde el punto de vista histórico y su estudio para la perspectiva del análisis regional de los acontecimientos pasados. Las ordenanzas municipales tienen, en efecto, el doble valor de indicarnos, con la selección de los asuntos que pretenden regular, cuáles eran los problemas más importantes que preocupaban en esos momentos a vecinos y autoridades, y con sus disposiciones reguladoras, una información cierta para conocer la forma como las enfrentaron y trataron de resolver, lo que nos indica a su vez tendencias políticas, sociales y económicas.

Lo que sí es cierto es que las ordenanzas existieron como norma jurídica, más o menos formal, durante todo el periodo colonial, trascendiendo más allá hasta nuestros días. Lo que demuestra su necesidad y utilidad en el control y ordenación de la vida cotidiana, ya que sus disposiciones fueron las que rigieron en mayor medida muchos de los aspectos importantes de la vida de los vecinos de las ciudades americanas, moldeando sus costumbres, regulando sus acciones y, en consecuencia, ejerciendo una gran influencia en la vida de las ciudades y en la formación de sus instituciones económicas y sociales.

Nos aporta con absoluta claridad Domínguez Company (1982, p. 9) que las ordenanzas como cuerpo normativo, regulando con sentido general diversos aspectos de la vida local, aparecen en América antes que las leyes o reales cédulas que les sirvieran de soporte de legitimidad y que más tarde fueran recogidas en la denominada Recopilación. En efecto, la Real Cédula que da por supuesta la facultad de los cabildos para dictar sus propias ordenanzas data de finales de 1548 (Ley XXXII, Tít. I, Lib. II), y observamos que, en 1537, ya se había sancionado una ordenanza en la ciudad de Nueva Cádiz de Cubagua. La citada Real Cédula, disponía lo siguiente:

> Las Audiencias Reales vean y examinen las Ordenanzas que hicieren las Ciudades, Villas y Poblaciones de sus Provincias, para su buen gobierno; y hallando que son justas, y que se deben guardar, las hagan cumplir y executar por tiempo de dos años.

Otra Real Cédula, algo posterior (Ley XXXIII, Tít. I, Lib. II, de 1561), resolvió una cuestión de procedimiento sobre el mismo asunto. Algunas otras disposiciones recogidas en la Recopilación contienen referencias a las ordenanzas municipales, como la de 1596 (De Felipe II, Ley IV, Tít. XX Lib. II), que expresamente ordenaba: "Los Alguaciles mayores de Audiencias hagan y executen lo que está mandado en las Ordenanzas para el buen gobierno y regimiento de la Ciudad, o Villa donde residiere Audiencia" (Domínguez Company 1982, p. 10).

Se observa, en consecuencia, la utilidad y trascendencia de las ordenanzas municipales para regir los destinos de los pueblos y ciudades que recién se comenzaban a formar, y al mismo tiempo la autonomía que adquirieron como instrumento de acción de los cabildos locales, incluso, antes de su consagración legislativa para las Indias.

Lo anterior refuerza la importancia del estudio de la Ordenanza para el Buen Gobierno y Regimiento de Margarita, que aun cuando no fue la primera ordenanza que se dictó en la historia política del estado

Nueva Esparta, debido a que fue precedida por las Ordenanzas de Nueva Cádiz, resultó ser una de las más importantes de la colonia, y ahora, de suma utilidad para analizar los acontecimientos humanos que rodearon esas fechas históricas y el futuro de la ciudad.

3. Estructura de la ordenanza. Aspectos formales y externos

En la época colonial, las formas que adoptaban los instrumentos normativos no eran homogéneas o predeterminadas; nos podemos encontrar con diferentes formas de manifestar la voluntad de las autoridades en sus actividades de ordenación y control, dependiendo de la época y del cabildo que las produce. Muchas veces se continuaban patrones previos o se seguían las formas observadas en experiencias anteriores por las personas integrantes de los ayuntamientos llamados a decidir.

La Ordenanza para el Buen Gobierno y Regimiento adoptada por el Cabildo de La Asunción en 1594 fue un instrumento muy ordenado; su redacción fue bastante coherente. El contenido se presenta distribuido en párrafos, correctamente redactados en castellano antiguo, identificados como capítulos debidamente enumerados y acompañados con el título del tema que regula cada una de las disposiciones. Este orden pudo haber obedecido a que ya en el Cabildo de Nueva Cádiz de Cubagua se habían dictado previamente tres ordenanzas, contando en consecuencia con unos instrumentos parecidos que le sirvieron de referencia, aun cuando los temas tratados eran distintos, en función de cada una de las realidades existentes.

La ordenanza fue aprobada por el cabildo con veintiún capítulos y, de ellos, sólo fueron ratificados por la Corona veinte capítulos; donde se regulaban ciertos aspectos indispensables para la vida de la recién y creciente población. Son de importancia hasta nuestros días las referidas al uso de las aguas del río que atraviesa la ciudad, pues allí en su articulado se determina claramente los sitios de tomar el agua para el consumo humano, para lavar, para el consumo de los animales y para el regadío de las huertas. Así mismo, hay artículos que se refieren a la conservación del ambiente, a la regulación de los precios de los alimentos y otros.

Para la fecha en que se dicta esta ordenanza, ya se había adoptado la Real Cédula de 1548 (Ley XXXII, Tít. I, Lib. II), mediante la cual se facultaba expresamente a los cabildos para dictar y ejecutar sus propias ordenanzas, con lo que esta instrucción real le sirve de fundamento legal a las ordenanzas americanas a partir de ese momento. Sin embargo, resulta conveniente reiterar que esta regulación real vino a refrendar lo que venía ocurriendo en América, y era que los cabildos dictaban sus propias ordenanzas antes de que contaran con una habilitación real expresa.

La Ordenanza denominada *Para el Buen Gobierno y Regimiento*, que analizamos en el presente trabajo, fue dictada por el Cabildo de La Asunción el 27 de mayo de 1594. Participaron en su elaboración, discusión y sanción, los cabildantes Alonso Suárez del Castillo, el mismo que poco años después solicitaría el título de ciudad para La Asunción; Antonio Jerónimo Ferregue, Juan Alonso, Francisco González de Lugo, Jorge Gómez y Pedro de Villarroel y, en su carácter de escribano público, Juan de Montes de Oca.

Una vez producida en tierras venezolanas, fue inmediatamente enviada al Consejo de Indias en España para que resultara confirmada y ratificada por la Corona, lo cual se produjo casi dos años más tarde, esto es, el 10 de enero de 1596, mediante pronunciamiento expreso del Rey, refrendado por Juan de Ybarra, en su carácter de secretario de su majestad, y por el Consejo de Indias. Esta ratificación real se requería para la eficacia y la fuerza legal de la ordenanza, evidenciándose diferentes niveles administrativos de autoridades en la producción de la ordenanza, a los fines de su vigor. No obstante lo anterior y en vista de que las confirmaciones reales dilataban demasiado, asegura Domínguez Compañy (1982, p. 16) que lo más probable era que las ordenanzas sin confirmación se siguieran aplicando; en primer lugar, porque en su mayoría eran normas consuetudinarias de antiguo uso en la ciudad, que se habían ido aprobando en acuerdos individuales del cabildo; y, en segundo lugar, porque la vida de la ciudad no podía detenerse indefinidamente y las normas eran necesarias para la actualidad del mantenimiento, evolución y desarrollo futuro de los pueblos.

Otro aspecto que resulta interesante destacar y que se desprende del análisis externo y formal de la ordenanza es el aporte a la concepción de la vigencia de los instrumentos legales. Si bien podemos partir de que la vigencia formal se tomaba a partir de la confirmación efectiva del instrumento por parte del rey, ya habíamos adelantado que, en las provincias americanas, los instrumentos regulatorios se comenzaban a aplicar antes de dicha confirmación, por razones de oportunidad y justicia; sin embargo, no se mencionaba la aplicación retroactiva de los mismos. En ese sentido, resulta conveniente destacar con carácter especial que el propio cabildo que producía la ordenanza se aseguraba de que no hubiere dudas de su puesta en práctica con la expresión que incorporaba, y que se encuentra en muchos de los capítulos de la ordenanza de 1594, referida al momento de comenzar los efectos de cumplimiento de sus mandatos, específicamente al decir: "de aquí en adelante". Con lo cual se generaba la seguridad de que los dispositivos se aplicarían desde el momento que se dictara y sólo hacía el futuro, pero nunca a situaciones pasadas.

Por último, y como todo instrumento legal que se dictaba en esa época, se ordenó pregonar y divulgar públicamente para el conocimiento de todos. Esta era la forma de hacer público el contenido de la ordenanza y que consistía en leerla públicamente y con la presencia del escribano público, que en este caso fue Juan de Montes De Oca. Tal y como consta en la nota final del texto original consultado.

Este instrumento normativo fue el más importante que se produjo en la Isla de Margarita durante la época colonial, y de tanta utilidad que perduró en el tiempo, ya que no existe referencia de su derogatoria expresa o su sustitución. Adicionalmente se puede afirmar que constituyó el inicio del proceso de regulación de la conducta de los habitantes de esa zona, determinando la forma de la administración y el gobierno municipal para la ciudad, específicamente referida a la vida cotidiana, la economía, el abastecimiento de alimentos, el aprovechamiento de los recursos naturales y dictando algunas reglas de convivencia de imperioso acatamiento para el bienestar colectivo.

El original de esta ordenanza se encuentra en la actualidad resguardada en el Archivo de Indias situado en Sevilla-España, específicamente en el legajo 182, relativo a Margarita de la Audiencia de Santo Domingo, folios 584-644. Ramo I. MARGARITA.- S.XVI (29.-A 27-V-1594). Así mismo, se encuentra en el referido archivo histórico el documento de petición del Cabildo de Margarita dirigido al Consejo de Indias para que les confirmen las ordenanzas [1596, enero, 10. Madrid] F.F., y el documento mediante el cual el rey avala las ordenanzas 29 (+ anejo) [10-1-1596]. Por fortuna, se tuvo la oportunidad de consultar este maravilloso testimonio documental directamente, en marzo de 2016.

4. La Confirmación Real de la Ordenanza

En virtud de que Margarita se constituía en una colonia perteneciente a la Corona española, los actos jurídicos que se adoptaran y especialmente las Ordenanzas que dictare su cabildo debían ser enviadas al rey, por intermedio del Consejo de Indias, para que resultaran confirmadas por su majestad y en consecuencia cobraran eficacia, esto es, tuvieran plena vigencia y fuerza legal, a los efectos de su aplicación práctica, con la salvedad ya efectuada en el punto anterior sobre el acatamiento anticipado que solía ocurrir en las provincias antes de la confirmación real.

Pues, efectivamente, la Ordenanza para el Buen Gobierno y Regimiento sancionada por el Cabildo en 1594, resultó confirmada por el rey[14] en Madrid el 10 de enero de 1596 y refrendada por Juan de Yba-

---

[14] El Rey de España para ese momento era Felipe II, hijo del Emperador Carlos V y de Isabel de Portugal.

rra, como secretario del rey, así como por el Consejo de Indias; previo envío del propio Cabildo de Margarita. Esta confirmación real de la ordenanza se produjo dentro de un tiempo muy corto para la costumbre de la época; sólo tardó un poco menos de dos años. Domínguez Company (1982, p. 16) nos muestra que la ratificación definitiva de la Corona era muy difícil de obtenerla en tiempo; las ordenanzas del oidor Alonso de Cáceres para las poblaciones de la isla de Cuba de 1574, fueron ratificadas sesenta y seis años más tarde por el nieto del monarca que las recibió, así como las del Fiel Ejecutor de Caracas que, luego de cuarenta años de espera, continuaban pidiendo su ratificación, entre otras.

Cabe destacar que el texto original de la ordenanza aprobada por el Cabildo en 1594 constaba de veintiún capítulos; no obstante el Rey no los confirmó todos en su totalidad, anulando o dejando sin el capítulo décimo, el cual se refería a la limitación de tener los puercos libres por la ciudad y en consecuencia la posibilidad de matarlos en esas condiciones. La forma de manifestar el rechazo sobre el capítulo no confirmado era tacharlo o colocarle una nota al margen del instrumento; en la Ordenanza que se analiza, se observa que el original capítulo décimo aparece visiblemente marcado con unas equis. Por lo que, en definitiva, la ordenanza quedó con veinte artículos o capítulos plenamente vigentes.

El texto de la confirmación redactada en castellano antiguo se transcribe a continuación:

> Hela aquí: EL REY
> Confirmación de las hordenancas arriba incorporadas que el cabildo de la ciudad de la asunción de la isla de margarita hizo para su buen gobierno.
> Por quanto por parte de la isla de la margarita se me ha hecho relación que el cabildo de la ciudad de la Asunción della hizo para su buen gobierno las hordenzas del tenor siguiente: (...)
> Passó ante mí, Juan de Montesdoca, escribano público.
> Y haviéndoseme supplicado las mandasse confirmar y aprobar, visto por los de mi consejo de las indias, lo he habido por bien, y por la presente confirmo y apruebo las dichas hordenancas arriba incorporadas, y mando que se guarden, cumplan [f° 161] y excuten como en ellas se contiene por el tiempo que fuere mi voluntad, y en el entretanto que por mí otra cossa se proveyere y hordenare (ver anexo A-1).

Con esta confirmación, casi absoluta de la ordenanza, el rey se daba por enterado de los problemas que sufrían los pobladores de la isla, reconocía la autoridad y fortaleza del cabildo de la Margarita en La Asunción, y tomaba nota de las estrategias ofrecidas por el ayuntamiento para resolver los inconvenientes presentados, con el agregado de tener la certeza de que con la aplicación de ese instrumento se generarían mayores ingresos para la Corona.

5. El contenido general que regulaba la Ordenanza para el Buen Gobierno y Regimiento de 1594

Tradicionalmente, las materias o el contenido de las ordenanzas para el buen gobierno o los bandos de buen gobierno que dictaron los cabildos americanos a finales del siglo XVI se pueden agrupar en cuatro grandes aspectos o sectores: asuntos de carácter político, asuntos religiosos, medidas de carácter social y las medidas de carácter económico. Todas estas materias, tratadas según los respectivos condicionantes relacionados con el tiempo, los lugares y los intereses particulares de las comunidades.

Las medidas político-administrativas consistían en las disposiciones que regulaban la forma de actuación o ejecución de las instituciones públicas locales, principalmente referidas al cabildo, esto es, la definición de los oficios públicos locales, la determinación del número de funcionarios del cabildo y su respectivo régimen, las formas de su designación o elección, la posibilidad de su reelección, la solemnidad del juramento; la periodicidad de las reuniones del cabildo, la forma y oportunidad de convocatoria, el comportamiento y las formalidades de las reuniones, entre otras.

Por otra parte, los aspectos religiosos no fueron los que ocuparon mayor atención regulativa dentro de las ordenanzas, aun cuando la religión se utilizó como instrumento para pacificar a los pobladores locales en los primeros años de la colonización. Se pueden encontrar referencias a las construcciones de iglesias y conventos, la división de las ciudades en parroquias, así como la definición de alguna de las fiestas de contenido religioso. Como lo destaca Domínguez Company (1982, p. 20), en las ordenanzas de Nueva Cádiz de Cubagua se dispone que durante la misa de los domingos serán llevados a la cárcel las personas que anden por las calles.

Ahora bien, en cuanto a las medidas de carácter social, como en la actualidad, engloban diversos aspectos de la vida local y cotidiana, tendientes al beneficio de los habitantes de las poblaciones, pero con un enfoque de interés general. Comprendiendo asuntos de vital importancia, como las regulaciones ambientales y sanitarias; el tratamiento de los gremios; el derecho de los indígenas y las reglamentaciones de la vida del esclavo negro, así como las medidas de urbanidad y de orden público, entre otros aspectos de verdadera importancia para la convivencia ciudadana. Cabe destacar que en muchos casos las cédulas reales que se dictaron con posterioridad a las ordenanzas vinieron a confirmar las líneas normativas trazadas en las primeras reglamentaciones municipales, principalmente en lo que respecta a los aspectos sociales.

Sin embargo, son las medidas de carácter económico las que ocupan mayor atención en las regulaciones contenidas en las ordenanzas municipales, y dentro de ellas especialmente las referentes al comercio. Una parte importante de esas ordenanzas dedican especial atención al control y vigilancia de los comerciantes, de los que se exige determinadas condiciones, como la de ser españoles y casados, de buena opinión y trato y no estar amancebados. Las dificultades de un abastecimiento regular y a veces la escasez de artículos de primera necesidad agravan, como es natural, el tráfico comercial, que algunas veces empeora el acaparamiento con fines de lucro; todo esto da motivo a que los mercaderes suban los precios indebidamente, adulteren las mercancías y defrauden en el peso y la medida. Estos abusos de mercaderes, regatones, pulperos y taberneros obliga al cabildo a establecer una estrecha vigilancia del comercio local y comarcano a través del fiel ejecutor, quien se verá obligado a establecer el registro de mercancías que entran en la ciudad y, en épocas de escasez, su salida; vigilar las tiendas donde se venden los artículos de consumo, especialmente los alimenticios, visitándolas regularmente; fijar en lugar visible del establecimiento la lista de precios; y controlar las pesas y medidas mediante el cotejo de las mismas con el padrón oficial en poder del cabildo (Domínguez Company 1982, p. 21).

6. Los capítulos y las materias que integran la ordenanza colonial en estudio

Como se mencionara al realizar el análisis externo de la ordenanza colonial margariteña, ésta se encuentra redactada de manera coherente, ordenada y expresa el objeto que se pretendía regular de forma clara y transparente, lo que nos permite efectuar el correspondiente razonamiento histórico en el contexto social en el cual se dictó y, a partir de allí, nos aporta la posibilidad de conocer los hechos que la motivaron, a través de su contenido específico.

El Cabildo de La Asunción adoptó la referida ordenanza en 1594, para organizar a la población en los aspectos más elementales para la convivencia ciudadana, pero al mismo tiempo los asuntos más indispensables y trascendentales para la garantía de la vida y subsistencia de sus pobladores; por ello, la denominación para el buen gobierno y regimiento. Este tipo de bando se dictó luego de observar el comportamiento de las personas, para corregir situaciones no adecuadas que pudieron perjudicar a la comunidad o para evitar que se produjeran conductas sociales perjudiciales.

Su contenido estaba dirigido al ordenamiento de la sociedad para lograr una convivencia sustentable, en lo social y principalmente en lo económico; por ejemplo, se refiere al uso de las aguas del río que atraviesa la ciudad, regulaba aspectos de la agricultura, la ganadería, el control de precios, la conservación del ambiente y el uso de los terrenos, entre otros. También planteaba el sistema monetario que se podía utilizar para las transacciones comerciales que se generaran en la ciudad. Y, por último, la norma también contenía un sistema punitivo o de sanciones para garantizar su cumplimiento, aun cuando denotaba la discriminación, el racismo y la desigualdad que imperaba en ese momento, cuando establecía sanciones más severas para los negros e indios, a diferencia de las sanciones menos severas para los blancos, por los mismos hechos. Todo este contenido se encontraba organizado en veintiún capítulos y, luego de la confirmación, en veinte capítulos que se describirán a continuación.

El capítulo primero se refiere a la regulación sobre la comercialización de la carne producto del beneficio del ganado. En ese sentido, recordemos que en Margarita, aun cuando se había comenzado a desarrollar la ganadería en virtud de los animales traídos desde España, la producción para ese momento era insuficiente para el consumo de los pobladores, por lo que la ciudad padecía de necesidad. En virtud de ello, quienes beneficiaban el ganado no lo llevaban a la carnicería y se aprovechaban de la escasez para venderlo en sus casas a precios excesivos. Ante esta situación, la ordenanza obligaba a los criadores de ganado a llevar la cantidad de carne que el Fiel Ejecutor les hubiere repartido, para que fuera pesada en la carnicería por arreldes[15] y libras al precio o precios que el mismo Fiel Ejecutor y los diputados les pareciere conveniente. Si no se cumplía con la obligación impuesta en este capítulo, igualmente de forma forzosa se compraba la cantidad que le fuere repartida y se llevaba a pesar como obligaba la regulación, y además, el infractor debía pagar una sanción de diez pesos, que serían repartidos entre la caja real de su majestad y los fondos propios de la ciudad administrados por el cabildo. Encontramos aquí el primer antecedente expreso y claro de la regulación de precios de los alimentos en la naciente Venezuela, por parte de las autoridades representadas por el cabildo.

Con base en las mismas razones manifestadas en el capítulo anterior, relativa a la escasez de ganado que se presentaba en la isla para 1594 y que tendía a profundizarse, el segundo capítulo establece una política general sobre la matanza del ganado, disponiendo la prohibición de sacrificar hembras de ninguna especie de ganado, so pena de ser sancionado. Con ello, trataba el cabildo de asegurar la reproducción del ganado en el tiempo para abastecer a la comunidad. El in-

[15] Se refiere a una unidad de medida proporcional al peso de cuatro libras. Pesa de un arrelde usada principalmente para pesar carne.

cumplimiento de esta disposición también acarreaba la sanción del pago de diez pesos de pena, que serían repartidos entre la caja real de su majestad y los fondos propios de la ciudad, administrados por el cabildo.

El capítulo tercero insistía en el tema del ganado y perseguía establecer un orden u organizar los hatos de ganado existentes en la isla, así como para los que se establecieran con posterioridad a la vigencia de la ordenanza. En ese sentido, ordenaba que los hatos de ganado, tanto de vacas como de ovejas y caprino, debían estar apartados uno de los otros, para evitar discusiones sobre la propiedad del ganado y para poder mantener el control sobre los mismos; es por ello que se estableció una medida mínima de separación entre uno y otro de por lo menos un cuarto de legua[16], con la salvedad de que podían cubrir los gastos de forma común y así se evitaba que alguien perturbara o estorbara la operación de la ganadería en la zona. Como en el resto del articulado de la ordenanza, se establecía sanciones para quienes infringieran lo dispuesto en este capítulo, a saber, multa de veinte pesos repartidos por mitad entre la cámara real de su majestad y los fondos de la ciudad, más seis días de cárcel para el infractor.

Como complemento de lo dispuesto en el primer capítulo, mediante el capítulo cuarto se le prohibía a cualquier persona matar ganado en su propia casa para vender su carne, así como la venta en general de la carne fuera de la carnicería. En este caso, la prohibición no sólo iba dirigida a los criadores o beneficiadores de ganado, sino que se incluía a todas las personas dentro de las limitaciones. Con esta disposición se perseguía tener el control absoluto de la comercialización de la carne, para garantizar su precio y el abastecimiento colectivo. Se reitera que la infracción de esta norma acarrea la sanción de diez pesos, que serían repartidos por mitad entre la caja real de su majestad y los fondos propios de la ciudad, administrados por el cabildo.

En el capítulo quinto se les prohibía expresamente a las personas cercar cualquier pozo o manantial de agua que estuviere descubierto, ni siquiera limitar de alguna forma que cualquiera pudiera tomar agua de él, ni impedir al ganado servirse y beber de ellos; en virtud de que se consideraba del dominio público colectivo, con lo que el acceso a dichos manantiales se declaraba público, desde esos tiempos. Con la

---

16 La legua es una antigua medida de longitud que expresaba la distancia que una persona, a pie o a caballo, podía andar durante una hora. Dado que una persona recorre normalmente a pie una gama de distancias, la legua se mantiene en esa gama, pero según el terreno predominante de cada país o región. La legua castellana –que serían nuestros orígenes– fue establecida a partir del siglo XVI en 20.000 pies castellanos, equivalentes a 5.572,70 metros.

excepción de los jagüeyes[17], hechos por una persona en particular a su costa, en cuyo caso si podía cercarlo y disfrutarlo de manera exclusiva y sin que nadie se lo impidiera. En tal sentido, quien cercare o estorbare el uso de un manantial indebidamente, era sancionado con multa equivalente a diez pesos, que serían repartidos por mitad entre la caja real de su majestad y los fondos de la ciudad, más seis días de cárcel. Adicionalmente, se ordenaba deshacer la cerca o impedimento físico que se hubiere levantado, a costa del infractor.

El capítulo sexto se refiere a los Jagüeyes de Concejo para el servicio de la comunidad, y especialmente para que el ganado y yeguas tomaran agua, pero que se fueron perdiendo por el descuido y la falta de mantenimiento; y esa es una de las causas de la escasez de agua y por consiguiente la pérdida de mucho ganado y bestias. En ese sentido se ordenaba nombrar cada año dos personas del cabildo que se encargaran de velar y compeler a los criadores de animales, de ganados o los que tuvieren yeguas, a limpiar dichos jagüeyes o zanjas de agua, con el objeto de mantener esas fuentes del vital líquido para el sostenimiento de la ganadería; a tal fin, se establecerían oportunidades específicas para el mantenimiento de esos lugares, en donde acudieran los diputados designados a los fines de verificar su cumplimiento. A quienes no cumplieran con la referida obligación, se les impondrían las penas que discrecionalmente establecieran los diputados para ese caso.

En sintonía con la disposición anterior, en el capítulo séptimo se mandaba a que cada principio de año se nombrara del cabildo a dos personas denominadas diputados, para que fueran las que hagan limpiar y abrir los caminos reales y de pasajeros y el camino que va al cerro el Copey, donde se cogía agua para la ciudad. Estos diputados tenían la facultad de reclutar gente para ese trabajo y les asignaban las tareas que debían de cumplir en la limpieza, mantenimiento y apertura de los caminos que conducían a los lugares de cosecha y para recoger agua, conjuntamente con los vecinos de la ciudad. Estos caminos limpios para transitar hacia los lugares de sembrar se denominaban fajinas. Igualmente, a quienes incumplieran las órdenes o instrucciones de los diputados se les impondrían las penas que discrecionalmente establecieran estos funcionarios para ese caso.

El capítulo octavo regulaba el uso del agua del río de la siguiente forma. Expresamente señala que la ciudad se serviría únicamente del agua que surtía ese río y que, por tal motivo, el uso quedaba repartido por días específicos en personas particulares para regar sus huertas y labranzas que se encontraran río abajo, siendo que en muchas ocasiones las personas tomaban o desviaban todo el río de manera que

[17] Jagüey: pozo o zanja llena de agua.

no descendía agua por el cauce madre, para que se pudieran servir el resto de los habitantes de la comunidad, debido a que el río no era muy abundante. En vista de esa situación, la ordenanza establecía que las personas que tuvieran sus repartimientos de agua, el día que les tocare, debían dejar agua suficiente para que circulara por la madre del río, con la idea de garantizar el servicio de la ciudad en general; además que quedaba prohibido tomar de esa agua para regar. Pues, quien no acatare la disposición de este bando, era sancionado con multa equivalente a veinte pesos, que serían repartidos por mitad entre la caja real de su majestad y los fondos propios de la ciudad, más seis días de cárcel.

Continuando con la regulación del río que alimentaba a la ciudad, en el capítulo noveno se termina de reglamentar su uso, en virtud del desorden que declara la ordenanza que existía para ese momento, ya que se lavaba la ropa, los cueros y se raspaba el maíz en el cauce del río que se utilizaba para beber, contaminando sus aguas río abajo, impidiendo que se pudiera utilizar para beber, teniendo -en todo caso- que ir río arriba y muy lejos para poder beber de él. Por tales motivos, se establece categóricamente en la ordenanza los lugares donde se podían realizar las diferentes actividades asociadas al río para que todos se pudieran servir y así satisfacer a la comunidad. En consecuencia, y en lo adelante no se podía raspar maíz, ni lavar cueros, si no fuere desde el puente que va de la casa que fuera de Melchor López hacía abajo, y de allí para arriba, hasta la casa que fuera de Juan Gallego, se lavare la ropa, y de allí arriba se cogiera el agua para beber. El incumplimiento del anterior precepto generaba la sanción de cincuenta azotes para el infractor, si se trataba de negro o indio, pero si se trataba de una persona de piel blanca, debía pagar en calidad de pena la cantidad de cuatro pesos; todo lo recaudado por este concepto sería repartido por mitad entre la caja de su majestad y los fondos propios de la ciudad.

En el capítulo décimo primero[18], se prohíbe expresamente que se otorguen tierras a personas para sembrar en sabanas que se encontraban junto o cercanas a la ciudad, por cuanto los lugares aledaños estaban destinados, desde hace varios años, para el pasto de caballos y ganado al servicio de la ciudad. Se trata de una norma de auto vinculación del cabildo, debido a que era éste al que le correspondía asignar tierras a las personas, y al mismo tiempo, una norma que restringía a las personas tomarse tierras sin el consentimiento de la institución capitular. No obstante, si alguien incumplía con esta disposición y hubiere sembrado en los lugares no permitidos, podía perder lo

[18] Se pasa del capítulo noveno al décimo primero, en virtud de que el capítulo décimo no fue confirmado por su majestad y, por tal motivo, se encuentra tachado (Ver Anexo A-2).

sembrado sin derecho a reclamo, y a su costa se retiraría las cercas o empalizadas que hubiere levantado para que el ganado y los caballos procedieran a pastar como estaban acostumbrados.

El capítulo décimo segundo establece la obligación de cercar las labranzas[19] y sementeras[20] que se sembraren, con cuatro varas en alto, siete pies de estante y tejido de rama, con el objeto de evitar la entrada de ganado o bestias que pudieran ocasionar daños a los sembradíos. Para el caso que a pesar de tener la cerca entraren los animales, esto es, bestias o ganado, los perjudicados tenían derecho a que se les pagara por los daños que se produjeren, los cuales serían determinados por dos personas que se nombrarían a tal efecto, lo que sería el equivalente a los peritos que conocemos en la actualidad. Por el contrario, si no se hubiera hecho la cerca o empalizada, y los animales causaran daños, el afectado no tendría derecho a reclamar el pago de los daños que sufriere por efecto del paso de las bestias o ganado.

Para reforzar la obligación contenida en el capítulo anterior, en el capítulo décimo tercero se les prohíbe expresamente a todas las personas, incluyendo a los leñadores, desbaratar o derribar las cercas o empalizadas que estuvieren hechas o levantadas en cualquier estancia o labranza. Señalando que quien incumpla con tal disposición, esto es, quien hubiera derrumbado una cerca sería castigado de la siguiente forma: si fuere negro o negra, indio o india, se le darían cincuenta azotes y se ordenaba levantar la empalizada a costa de su amo; y, si fuere blanco, debía pagar cuatro pesos en calidad de pena; aplicados por mitad para la caja de su majestad y para los fondos propios de la ciudad, y que a su costa se haga nuevamente la cerca derribada.

El capítulo décimo cuarto establece, en primer lugar, que los montes y pastos son realengos, esto quiere decir que pertenecen al reino, y basado en este principio manifiesta que las personas a quienes se les otorgaron tierras para sembrar no pueden impedir que de esas tierras que siembran se corte madera para construir edificaciones y otros desarrollos, ya que tal impedimento estorbaría en consecuencia el progreso de la ciudad. Por lo tanto, se declara que ninguna persona puede impedir o estorbar que saquen ni corten madera de las tierras y estancias, aunque estuvieran sembradas. Ahora bien, si al extraer la madera se le causaba algún daño al sembradío, este daño debía ser indemnizado previo avalúo del mismo. Pero si el titular de la tierra estorbada o impedía sacar la madera, debía ser sancionado con multa de ocho pesos, repartidos por mitad entre la cámara de su majestad y los fondos propios de la ciudad.

---

19 Cultivo de los campos.

20 Tierras sembradas.

El capítulo décimo quinto hace referencia al hecho de que en la isla de Margarita andaban todas las yeguas y bestias cimarronas y alzadas[21] en los montes y sabanas, por lo cual se hacen muchos robos e insultos, haciendo corrales falsos y tomando potros y otras bestias mostrencas y herrándolas con su hierro o señales y hasta contramarcándolas. Para evitar estos inconvenientes, la ordenanza disponía que las personas que tuviesen yeguas en las sabanas y montes debían manifestarlo y llevar y entregar los hierros y señales con que hierran y marcan a los animales, ante el cabildo de la ciudad. Estos hierros y señales serían entregados en custodia al alguacil o mayordomo de la ciudad, para que los mantuviera resguardados mientras se celebraba la reunión general de marcado de las bestias o al vencimiento del año. Efectivamente, cuando el cabildo lo consideraba conveniente, ordenado por la justicia, se reunían las bestias mostrencas en un corral general; ahí se haría el reparto entre cada uno de los que le asistiere derecho y se marcarían las bestias con el hierro respectivo, evitando de ese modo los robos, escándalos y abusos. Luego a quien se le encontrare una bestia marcada con otra señal que no le pertenece, se le impondría la pena de hurto que corresponda.

En el capítulo décimo sexto se destaca la necesidad que existía en la isla de bestias mulares para las arrías y para otras cosas necesarias para el laboreo y las carretas; en virtud de ello, se estableció todo un plan para propender a la procreación y producción de mulas, y en tal sentido se ordenó hacer un cercado en donde lo decidiera el gobernador o el propio cabildo para colocar una yegua por cada vecino que decidiere participar, y entre los participantes se compraran garañones[22] que se incorporaran en el corral para fecundar a las yeguas. Se advierte que ningún caballo ni mulo podía entrar dentro del corral porque podían perturbar el proyecto; a todo evento, se designaba a una persona para que vigilara regularmente si se encontraban las yeguas y los garañones dentro del cercado y si no había ningún otro elemento perturbador. Si alguien estorbare a los animales, soltare las bestias del corral o derribare el cercado, sería sancionado de la siguiente forma: si era negro o indio, le daban doscientos azotes, y si era blanco, debía pagar la pena de cincuenta pesos, aplicados para la cámara y propios de la ciudad, más diez días de cárcel.

En el capítulo décimo séptimo nos encontramos con el antecedente histórico de la regulación y control de precios de los alimentos que necesitan los pobladores para vivir. Esta disposición es una de las más importantes dentro de las comentadas normas, debido a que

---

21 Animales rústicos de carga o trabajo que andan sueltos (antes domésticos y ahora salvajes).

22 Garañón es un asno de extraordinaria corpulencia que se le echa a las yeguas para la procreación de las mulas y machos.

regula un sensible aspecto económico. En primer lugar indica que en la isla había mucho desorden en cuanto a los mercaderes, regatones o revendedores que compraban mercadurías y bastimentos para acapararlos y volver a venderlos; por esa razón, cuando los vecinos acudían a comprar las mercancías para cubrir sus necesidades cotidianas no hallaban qué comprar, por estar los bienes ya en poder de los regatones o revendedores, de los cuales debían luego comprar a excesivos precios. Para evitar tal práctica abusiva, la ordenanza estableció que ninguna persona mercader o regatón podía comprar ninguna mercadería, ni cosas de comer de las que a la isla llegaban, para tornarlas a vender, hasta que hayan pasado nueve días después que esas mercadurías y comidas hayan entrado en la isla, a los fines de que dentro de esos nueve días puedan comprar los vecinos lo que necesiten para sus casas. Ahora bien, pasados estos nueve días era cuando los revendedores o regatones podían adquirir las mercadurías "para tornarlo a vender".

Así mismo se prohibía a los mercaderes comprar las mercancías y comidas en los puertos donde llegaren hasta que hayan pasado los referidos nueve días, y luego de haberlas comprado, debían notificar ante el escribano del cabildo, para que se informare a son de cajón y pregón, con el objeto de que, si hubiere algún vecino que deseaba comprar algún producto al precio ordinario, lo hiciera de contado o fiado, según las condiciones de venta. Por último, se fijaba en la ordenanza que los mercaderes o los revendedores no podían tener como ganancia más de un treinta por ciento sobre el valor de la mercancía, y que dichos precios se debían fijar en las tiendas donde se vendieren los productos. Es decir que era obligatorio fijar el precio de venta en el lugar del negocio, a la vista del público, y al que no lo hiciere o cobrare más de lo regulado, se le castigaba con la pérdida de las mercadurías, las cuales serían vendidas a las personas, y el producto de la venta al final sería repartido entre la cámara de su majestad y los fondos de la ciudad.

Por su parte, el capítulo décimo octavo, dentro de los aspectos económicos, reglamentaba el sistema monetario o esquema de pago en Margarita para 1594. Este sistema de pago que se pretendió establecer por medio de esta ordenanza obedecía al desorden que existía en los pagos de las deudas o de las actividades comerciales que se hacían en la isla. Normalmente, en las escrituras y las obligaciones que se asumían, se determinaba que el pago debía ser en oro o en reales de plata; sin embargo, en Margarita, por una parte escaseaba el oro y, por otra parte, el elemento cambiario que se utilizaba desde la época de Nueva Cádiz era la perla; pero al tiempo de pagarles a las personas que han de recibir la paga no querían que se les pagare en perlas, si no que se les diera, por cada un peso de oro fino, veinte reales; y, por cada un real de a cuatro, cinco reales. Esto, a toda vista, era una situación irregular, ya que era cosa justa y lícita que un peso de oro valiera dieciséis reales y un real de a cuatro valiera cuatro reales en perlas; por tanto, se constituía en un verdadero abuso aprovecharse del poco oro existente en la isla para adquirir en su lugar perlas a menor precio.

Por esa razón, el Cabildo de La Asunción estableció que, por no haber en la isla otra moneda corriente sino perlas, y para remedio de la situación planteada, aunque las escrituras y obligaciones estuvieran redactadas para pagar en oro o en plata y reales, se podía pagar en géneros de perlas para liberarse perfectamente de las obligaciones, como era corriente en la isla y se acostumbraba a pagar a la caja real, y que el correspondiente deudor no fuere apremiado a otra cosa. Además añade la norma, para ser más explícito y evitar la repetición de los abusos, que el acreedor estaba obligado a recibir el valor de cada peso de oro por dieciséis de perlas, y por cada real de a cuatro, cuatro reales de perlas, pues ese era su justo valor. Este esquema monetario o cambiario también se ordenaba aplicar para el pago de los salarios de todos los funcionarios y especialmente los jueces de comisión que llegaron a la isla, provenientes de la Real Audiencia de Santo Domingo. Todo esto fue ordenado y mandado a pregonar por el cabildo para su cumplimiento.

Por medio del capítulo décimo noveno se les prohibía a todas las personas llevar atajos de yeguas y manadas de caballos al Valle de la Margarita, ahora denominado el Valle del Espíritu Santo, en vista de que este lugar es muy estrecho y no había pasto suficiente para que se alimentaran los animales. Además, en dicho valle se encontraban muchas estancias y sementeras que se podían ver perjudicadas por el paso depredador de los animales en esos campos. En conclusión, al no haber pasto, las yeguas no se podían mantener, y los campos y estancias se podían perjudicar. En consecuencia, si los dueños de los animales no los sacaban del Valle, debían pagar los daños que estos produjeran, previo avalúo de la persona que se designare para tal fin.

El capítulo vigésimo prohíbe a los mercaderes de Castilla que llegaban a Margarita comprar las mercancías que previamente habían vendido, para revenderlas o venderlas nuevamente. Esta resultaba ser una práctica constante de los mercaderes que llegaban de Castilla y de otros lugares del viejo mundo, quienes, luego de vendida la mercancía, procedían a comprarla por un precio menor para luego proceder a venderla nuevamente por un valor muy superior, y los vecinos se veían forzados a comprar los productos por la necesidad y la escasez de los mismos. Para evitar esta práctica, la Ordenanza para el Buen Gobierno les prohibió a los mercaderes comprar las mercadurías para su reventa, so pena de que se las retiraran y dieran por perdidas y se aplicaran -por mitad- a la cámara de su majestad y a los usos propios de la ciudad.

El capítulo vigésimo primero nos vuelve a revelar el aspecto de la propiedad de la tierra con respecto a la posesión que tenían aquellas personas a quienes se les adjudicaba las tierras para sembrar. En ese sentido, se observa que los conucos para la siembra de maíz no eran una propiedad formal sino que a la persona se le permitía ocupar temporalmente, cercar y sembrar; pero, acabadas de coger las sementeras de maíz, podía ingresar y pastar cualquier género de ganado, desbaratando las palizadas de los referidos conucos. Estaban exceptuados de esta medida los terrenos donde hubiera árboles frutales o yuca sembrada, donde se podía ocasionar daños. En este último caso se ordenaba cercar la yuca, no el maíz, y no todo el conuco.

7. Objetivos perseguidos por el Cabildo de Margarita al dictar la Ordenanza de 1594

Si hacemos una evaluación del contenido general de la Ordenanza para el Buen Gobierno y el Regimiento sancionada por el Cabildo de Margarita o de La Asunción en 1594, podemos inmediatamente concluir que su objeto principal era organizar la vida local, establecer reglas claras y sencillas de convivencia, partiendo de los problemas que aquejaban a los habitantes de la isla, pero principalmente a los nuevos pobladores españoles que llegaron a las tierras americanas. Efectivamente estos, los españoles, eran los destinatarios principales del contenido de esas ordenanzas, ya que, para garantizar los derechos de los indios, se dictaron otros instrumentos.

Ahora bien, la mayoría de las disposiciones estaban encaminadas a procurar y garantizar la subsistencia de los seres humanos, a través de la regulación del tema del abasto de todo género de víveres, la provisión de los comestibles necesarios para el consumo popular, del uso de las aguas para beber, lavar y raspar maíz, la ocupación y laboreo de las tierras, el control sobre los animales y su correcto aprovechamiento para el ganado, así como la procreación de las mulas para el trabajo pesado; pero todo esto, con el objetivo claro de garantizar la alimentación de los vecinos o individuos.

Al mismo tiempo, se desarrolló toda una política de regulación y control de la economía, a través de la fijación de la dinámica comercial y el establecimiento de precios para proteger a la población de los especuladores y de los abusos de los mercaderes; y en fin los sistemas monetarios de pago que a partir de la ordenanza se implementaron, entre el oro, los reales y las perlas.

Lo importante es que todos los problemas mencionados antes, y otros, generaron la preocupación del gobierno local, representado por el cabildo, para tomar las diversas medidas que se reflejaron como disposiciones capitulares dentro de la ordenanza en comento. Y que, además, contaron con la venía de su majestad para otorgar la confirmación.

Observamos que, en la Margarita de hoy, muchos de esos problemas no se han resuelto de forma definitiva y sostenible, y se requiere, no sólo de una actividad regulativa por parte de las instituciones formales, sino también amerita la toma de conciencia colectiva para interiorizar que los problemas cotidianos son de las personas, y su solución representaría una forma de vivir adecuada y dignamente.

CONCLUSIONES

Al concluir la investigación y culminar la presente obra, se puede respirar aires de satisfacción, no sólo por alcanzar los objetivos trazados inicialmente, sino también porque el conocimiento logrado a través del método histórico comienza a producir otros frutos positivos, como son la determinación o apertura de una línea de investigación que, con base en los hechos pasados y conocidos, nos ayude a conocernos mejor como individuos que se desarrollan dentro de un contexto social y cultural complejo; y que nos permita, a partir de allí, realizar un diagnóstico de nuestros problemas actuales para solventarlos definitivamente hacía el futuro; al final del camino nos enfrentaremos con una dura realidad, nada es nuevo, ya lo hemos vivido, aunque en otro contexto.

Esa es la verdadera y trascendental diferencia entre la historia nacional y la historia regional, su utilidad, reflejada en este trabajo. Al evaluar los acontecimientos pasados más comunes y cercanos a las personas, podemos definitivamente entender su comportamiento, evaluar sus motivos y conocer con certeza los efectos del resultado de aquellos eventos humanos, sociales y culturales. La historia nacional muchas veces se hace muy lejana e inalcanzable, propia de un gran evento cinematográfico al que acudimos para disfrutar un par de horas, con el que nos conectamos temporalmente, pero que poco nos aporta al intelecto, ni logra transformarnos internamente.

El análisis en clave local sobre un documento histórico fue la intención de este trabajo y consideramos que se ha logrado. Para llegar a ello, debimos revisar los antecedentes históricos del poblamiento de la isla de Margarita, luego de la llegada de Colón a estas tierras de gracia; asistimos a la caída de la ciudad de Nueva Cádiz de Cubagua, después de su esplendor producto de los placeres perleros que allí se encontraban. Seguidamente, acompañamos el traslado de su cabildo, que pasó por Porlamar (antes, la Villa del Espíritu Santo) para llegar al Valle de Santa Lucía (hoy la ciudad de La Asunción), donde se instalaría, echaría raíces profundas y comenzaría a ofrecer sus frutos para el aprovechamiento de la población. Uno de esos frutos, quizá uno de los más importantes para la época, fue la sanción de la Ordenanza para el Buen Gobierno y el Regimiento en 1594. Y, finalmente, evaluamos algunos acontecimientos históricos para conocer sobre la realidad social, económica y cultural circundante.

Sin embargo, fue aquel instrumento normativo que adoptó el ayuntamiento asuntino colonial que nos robó el interés, y al cual le dedicamos su estudio. Observamos que la citada ordenanza americana resultó confirmada por la rúbrica del propio rey en Madrid, con la complicidad del Consejo de Indias, como órgano rector de los destinos del Nuevo Mundo descubierto, en apenas dos años. Y a través de ella, el cabildo pretendió dar soluciones o respuestas a los problemas que aquejaban a la población, pero principalmente a la población de españoles venidos a propósito de la conquista. Esos problemas son, precisamente, los asuntos de la cotidianidad, pero trascendentes para el futuro generacional: i. La garantía del abastecimiento de víveres de cualquier género, ii. La garantía alimentaria a través de la ganadería de vacunos y caprinos, iii. Los precios de aquellos productos, buscando un equilibrio entre la ganancia y la capacidad adquisitiva del habitante, iv. La agricultura, v. el uso del agua del río, tanto para beber, como para lavar, vi. La preocupación por la reproducción de las mulas utilizadas para el trabajo forzado, vii. El reparto y el cuido de las tierras para la siembra y cultivos, viii. El establecimiento de un sistema monetario de intercambio. Tan simples, pero tan importantes, estos temas para la subsistencia de la especie humana.

Por ello pensamos que, frente a estos documentos históricos, el enfoque de interpretación no tiene que ser exclusivamente de ámbito nacional o universal; su estudio puede perfectamente enfocarse desde una perspectiva local o regional, a consecuencia de estos y el hecho histórico que describe, se puede evaluar y analizar su influencia desde y hacia el espacio local y sus acontecimientos. Ahora, no hay dudas de la trascendencia que produjo el hecho histórico contenido en el documento analizado, para el desarrollo de los pueblos de la Margarita hacia el futuro.

Por último, este estudio puede perfectamente convertirse en un pequeño pero importante aporte para contribuir a la revisión y el replanteamiento del comportamiento de los Cabildos o Concejos Municipales actuales de la región; a partir de aquí, pudieran sus integrantes auto evaluarse y proyectarse con visión de futuro sobre el verdadero carácter y sentido de la función de estos ayuntamientos, sobre todo en el ejercicio de sus atribuciones referidas a la vida local, dejando al plano nacional lo que corresponda y exigiéndole respeto de sus atribuciones por miras a la garantía del interés general de la localidad. Nos atreveríamos a señalar que la técnica normativa exhibida y el contenido de esta ordenanza dictada en 1594, es mucho más acabada y efectiva que alguno de los instrumentos normativos que se producen en la actualidad.

REFERENCIAS BIBLIOGRÁFICAS

ARCHIVO GENERAL DE INDIAS (SEVILLA-ESPAÑA). Ordenanza para el Buen Gobierno y Regimiento. Audiencia de Santo Domingo, Legajo 182, relativo a Margarita, folios 584-644. Ramo I. MARGARITA.- S. XVI (29.-A 27-V-1594); el documento mediante el cual El rey avala las ordenanzas 29 (+ anejo) [10-1-1596].

ARRÁIZ LUCCA, R. (2013). *Venezuela: 1498-1728. Conquista y urbanización.* Caracas: Editorial Alfa.

BAPTISTA, A.; BALZA, J. y PIÑANGO, R. (2001). *Suma del pensar venezolano. Sociedad y cultura. Los venezolanos.* Tomos I, II, III. Caracas: Fundación Empresas Polar.

BARRIENTOS GRANDON, J. (2004). *El Gobierno de las Indias.* Madrid: Marcial Pons y Fundación Rafael del Pino.

BASSOLS COMA, M. (1985). *Constitución y sistema económico.* Madrid: Editorial Tecnos.

BERNAD MAINAR, R. (2013). *Manual de Historia del Derecho.* 2da. Edición. Caracas: Universidad Católica Andrés Bello.

BLOCH, M. (2001). *Apología para la historia o el oficio de historiador.* México: Fondo de Cultura Económica.

BREWER-CARÍAS, A. (2008). *Historia Constitucional de Venezuela.* Tomo I. Caracas: Editorial Alfa.

___ (1997). *La ciudad ordenada.* Madrid: Universidad Carlos III de Madrid, Instituto Pascual Madoz, BOE.

CARDOZO, A. (1990). *Investigación, estudio y cambio.* Caracas: Fondo Editorial Trépikos.

CHIOSSONE, T. (1980). *Formación jurídica de Venezuela en la colonia y la República.* Caracas: UCV.

DE LA GUARDIA, M. (1889). *Las leyes de indias con las posteriores a este código vigentes hoy y un epílogo sobre las reformas legislativas ultramarinas.* Madrid: Establecimiento Tipográfico de Pedro Núñez.

DOMINGUEZ COMPAÑY, F. (1982). *Ordenanzas municipales hispanoamericanas.* Madrid-Caracas: Asociación Venezolana de Cooperación Intermunicipal e Instituto de Estudios de Administración Local.

ELLIOT, J.H. (2006). *Imperios del mundo atlántico: España y Gran Bretaña en América* (1492-1830). Titivillus.

GARCIA PONCE, A. (2010). *Conocer Venezuela Colonial*. Caracas: Universidad Católica Andrés Bello.

GRANADOS, H. (2008). *El siglo de los Villalobos, Historia de Margarita del siglo* XVI. Cumaná: Dirección de Cultura y Extensión de la Universidad de Oriente.

GOMEZ, A.F. (1991). *Historia y antología de la cocina margariteña*. Caracas: Ediciones Armitaño.

___ (s.f.). *Libelo sobre la solicitud de declaratoria de La Asunción como Patrimonio de la Humanidad ante la Unesco*. Disponible: https://sites.google.com/site/cronicasasuntinas/la-asuncion-como-patrimonio-de-la-humanidad (consultada el 12 de julio de 2016).

HEREDIA HERRERA, A. (1996). *Las fortificaciones de la Isla de Margarita en los siglos* XVI, XVII *y* XVIII. Porlamar: FONDENE.

HERNANDEZ SANCHEZ-BARBA, M. (1981). *Historia de América*. Madrid: Alhambra.

LOMBARDI, A. (1977). *Introducción a la Historia*. Maracaibo: Universidad del Zulia.

LOPEZ DE GOMARA, F. *Historia General de las Indias*. Biblioteca Virtual Universia.

LOVERA, J. R. (1998). *Historia de la alimentación en Venezuela*. Caracas: Centro de Estudios Gastronómicos.

MAGO DE CHOPITE, L. (2012). El *Cabildo de Caracas durante el período de los Borbones: Cartas del cabildo de Caracas* 1741-1821. Caracas: Academia Nacional de la Historia.

MALAMUD, C. (2010). *Historia de América*. 2da. Edición. Madrid: Editorial Alianza.

MORON, G. (1995). *Historia de Venezuela. La creación del territorio*. Caracas: Enciclopedia Británica de Venezuela.

ORDUÑA REBOLLO, E. (2003) *Municipio y Provincia. Historia de la organización territorial española*. Madrid: Femp-Inap. Disponible: http://books.google.co.ve/books?id=UNaIBvyNyvQC&pg=PR21&lpg=PR21&dq=Enrique+Ordu%C3%B1o.+Municipio+y+Provincias&source=bl&ots=aOTJKaFcYp&sig=L9shQzjFlCuwzWHSJvNRpSOncyQ&hl=es&sa=X&ei=hK3NU_3bEdLJsQTqm4C4DA&ved=0CBwQ6AEwAA#v=onepage&q=Enrique%20Ordu%C3%B1o.%20Municipio%20y%20Provincias&f=false (consultada el 27 de octubre de 2016)

OVIEDO Y BAÑOS, J. (2006). *Historia de la provincia de Venezuela*. Caracas: El Nacional.

PINTO C., M. (1967). *Visión documental de Margarita*. La Asunción: Ediciones del Ejecutivo del Estado Nueva Esparta.

RAMA, A. (1984). *La ciudad letrada*, USA: Ediciones del Norte.

RAMIREZ VILLARROEL, P. (2012). *Isla de Coche. Territorio, ambiente y desarrollo*. Cumaná-El Cardón: IPSUDO.

___ (2010). *Manual para la redacción de libros*. Cumaná: Universidad de Oriente.

___ (2016). *Porlamar. Ciudad de tradición marinera*. Porlamar: Fondo Editorial Municipal Santiago Mariño.

RÍOS DE HERNÁNDEZ, J.; FERRIGNI, J.; BEROES, M., y otros. (2008). *Formación histórico social de América Latina* (Coord. G. Carrera Damas). Caracas: Universidad Central de Venezuela.

ROJAS, A. (2005).*Orígenes venezolanos*. Caracas: El Nacional.

ROSA ACOSTA, R. (1984). *Diccionario Geográfico-Histórico del estado Nueva Esparta*. Pampatar: Fondene.

SALAZAR, J. J. (2000). *La Asunción. Ciudad Prócera*. La Asunción: Editores SENECA y Alcaldía de Arismendi.

SALAZAR, M. (1991). *Isla, sol y leyenda*. Pampatar: Fondene.

SAMUDIO, E. y ROBINSON, D. (2009). *A son de caja de guerra y voz de pregonero: Los bandos de buen gobierno de Mérida, Venezuela 1770-1810*. Caracas: Academia Nacional de la Historia.

SISO, C. (1982). *La formación del pueblo venezolano*. Madrid.

SUBERO, J. M. (2010). *Cien años de historia de Margarita*. Porlamar: Editorial Pontevedra.

___ (1980). *Historia del Estado Nueva Esparta*. Caracas: Ediciones de la Presidencia de la República.

___ (1977). Libro de La Asunción. Caracas: Fundación Editorial Conferry.

___ (1996). *Pespunteo en la cronología histórica de Margarita*. Porlamar: Fondene.

SUBERO, E. (1996). *Los orígenes históricos de Margarita*. Pampatar: Fondene.

VAN YOUNG, E. (1991) "Haciendo historia regional: Consideraciones metodológicas y teóricas". Publicado en: *Región e historia en México (1700-1850)*, (Comp. Pedro Pérez Herrero), México: Instituto de Investigaciones Dr. José María Luis Mora de la Universidad Autónoma Metropolitana.

VILLEGAS MORENO, J. L. (2010). *Doscientos años de municipalismo*. Caracas: FUNEDA.

ANEXOS

ANEXO A:
TRANSCRIPCIÓN DE LA ORDENANZA PARA EL BUEN GOBIERNO Y REGIMIENTO DICTADA POR EL CABILDO DE LA ASUNCIÓN EL 27 DE MAYO DE 1594[23]

Hela aquí:

EL REY

Confirmación de las hordenancas arriba incorporadas que el cabildo de la ciudad de la asunción de la isla de margarita hizo para su buen gobierno.

Por quanto por parte de la isla de la margarita se me ha hecho relación que el cabildo de la ciudad de la Asunción della hizo para su buen gobierno las hordena ncas del tenor siguiente:

Hordenancas que se hacen en esta isla por el cabildo della para el buen gobierno y regimiento en este año de mil y quinientos y noventa y quatro, para enbiar al real consejo de las Indias, a que, siendo el rey, nuestro señor, servido, las confirme.

Primeramente, por quanto en esta isla ay poco ganado y los criadores que alguno tienen no lo quieren llevar a pesar a la carnicería y lo venden en sus cassas a ecessivos precios y la república padesce necesidad, por la qual hordenamos y mandamos que de aquí en adelante los tales criadores por su tanda sean obligados a traer del dicho ganado la cantidad que por el fiel executor le fue repartido, para que se pese en la dicha carnicería por arreldes y libras al precio o precios que a el fiel executor y diputados les pareciere, so pena que a su costa se compre la dicha cantidad que ansí le fuere repartido y se lleve a pesar, y más diez pesos de pena, para la cámara de su magestad y la otra mitad para propios desta ciudad.

Item, por quanto en esta isla ay poco ganado y cada día es menos, respecto de que matan las enbras, hordenamos y mandamos que de aquí adelante ninguna persona mate enbra de ningún género de ganado, so pena de diez pesos, aplicados cámara de su magestad y propios desta ciudad.

Item que, porque aya horden en los sitios y asientos de los hatos de ganados que al pressente ay o por tiempo oviere, hordenamos y mandamos que cualquier hato de ganado, así de vacas como ovejuno

---

[23] Transcripción tomada del libro: Jesús Manuel Subero, *La Asunción*, Fundación Cultural Conferry, 1977, pp. 194-199.

y cabruno, puedan estar y estén assentados tan apartados unos de otros quanto un quarto de legua, por quanto los gastos son comunes, y que nadie estorve lo susodicho, so pena de veinte pesos y seis días de cárcel al que lo contrario hiziere, aplicados cámara y propios por mitad.

Item hordenamos y mandamos que de aquí adelante ninguna persona mate carne en su casa para vender, ni la venda, si no fuere en la carnicería, como dicho es en el primero capítulo, so pena de diez pesos, aplicados cámara y propios por mitad.

Item hordenamos y mandamos que cualquier manantial de agua que estuviere descubierto no lo pueda cercar ninguna persona, ni estorvar tomar agua dél ni impedir a los ganados el beber en ellos, salvo el que oviere fecho algún xaguey o jagueyes a su costa e industria, que este tal lo puede cercar y gozar sin que nadie se lo impida, so pena de que el que estorvare y cercare manatial alguno pague diez pesos, aplicados por mitad cámara y proprios, y más seis días de cárcel, y que a su costa se desbarate la cerca e impedimiento que tuviere fecho.

Item por quanto antiguamente había jagueyes de concejo, donde bebían los ganados e yeguas, y por descuido se an perdido, por no los haver limpiado, y por falta de agua a perecido mucho ganado y vestias, por lo qual hordenamos y mandamos que cada un año se nombren dos personas del cabildo, para que compelan a todos los criadores, assí de ganados como los que tuvieren yeguas o auciones dellas, a que los que vayan a comprar, y los dichos diputados se hallen presentes a ello y les pongan las penas que a ellos les parecieren a los que no acudieren a lo susodicho.

Item hordenamos y mandamos que cada principio de año se nombre del cabildo dos personas, las quales hagan limpiar y abrir los caminos reales y pasajeros y el camino que ba a el Copey, donde se coje agua para esta ciudad, y que los tales diputados hagan repartimiento de jente de travajo, para que los vecinos acudan con la dicha gente que limpie y abra los dichos caminos y les puedan los dichos diputados poner las penas que les pareciere y executarlas.

Item por quanto en esta ciudad no ay otra agua sino lo que trae el río, que está junto a ella, y está rrepartida por días en personas particulares para rregar las huertas y labrancas que están por el dicho río abajo, y a veces toman todos el río, de manera que no viene ninguna agua por la madre para servicio desta ciudad, por ser el río muy pequeño, y padesce necesidad la república, por lo qual hordenamos y mandamos que las personas que así tiene los dichos rrepartmientos de agua los días que les cupieren dexen agua conviniente que venga por la madre abaxo para el servicio desta dicha ciudad, y que ninguna persona pueda tomar la dicha agua para regar, so pena de veinte pessos a el que lo contrario hiziere, aplicados por mitad para la cámara de su magestad y propios desta ciudad, y seis días de cárcel.

Item por quanto en el dicho río de que vebe esta ciudad ay mucha deshorden, porque se lavan cueros y rraspan maíz en él y en el lavar de la ropa, es caussa de que ayan de ir por agua muy lexos el río arriba para beber, y para que se sepa y entienda de aquí adelante en las partes dónde pueden lavar los dichos cueros y rraspar maíz y en la parte dónde se a de lavar la rropa y tomar agua para beber, hordenamos y mandamos que de aquí adelante no se pueda raspar maíz ni lavar cueros sino fuere dende la puente que va a las casas de Melchor López para avajo, y de allí para arriba hasta las cassas de Juan Gallego se lave ropa, y de allí arriba se coxa agua para beber, so pena de que a quien lo contrario hiziere, si fuere negro o negra o indio o india, se le den cincuenta azotes, y si fuere blanco, pague pena de quatro pesos, aplicados para la cámara y propios por mitad.

Item hordenamos y mandamos que de aquí adelante no se puedan proveer ni provean tierras para sembrar en sábana que estén junto a la ciudad, por quanto son para pasto de caballos y ganados de muchos años a esta parte del servicio de esta ciudad, so pena de que quien los enbiare pierda lo sembrado y se le deshaga a su costa la cerca que tuviere hecha, para que entren las vestias y ganados a pacer como de antes.

[F° 157 v.] Item hordenamos y mandamos que de aquí adelante todas las labrancas y sementeras que se sembraren las cerquen de quatro varas en alto y siete pies de estante y sexido de rrama, de manera que no pueda entrar ganado ni vestias a hazer daño, y si haciendo y teniendo la dicha cerca entrare algún ganado o bestias, se pague el daño que ovieren fecho, lo qual sea tassado por dos personas que pare ello nombre la justicia, y no haciendo la dicha cerca y palizada, como dicho es, no se pague cossa alguna del daño que hizieren las vestias o ganado que entrare.

Item hordenamos y manadamos que ninguna persona, así los leñadores como pasajeros, sean ossados a desbaratar las palizadas y cercas que estuvieren echas en qualesquier estancias y labranzas, so pena, si fuere negro o negra, indio o india, se le den cinquenta azotes y que se haga la palizada a costa de su amo, y si fuere blanco, pague de pena quatro pesos aplicados para la cámara de su magestad y propios de esta ciudad por mitad, y que a su costa se haga la dicha palizada.

Item hordenamos y mandamos que, por quanto los montes y pastos son realengos y algunas personas en quien se proveen tierras para sembrar quieren estorbar que tales tierras no se corte madera para hazer edificios o otras cosas, por tanto de aquí adelante ninguna persona impida el sacar ni cortar la dicha madera de las tierras [F° 158] y estancias que tuvieren ni lo estroven, aunque estén senbrados, como no hagan daño, y si daño hizieren, lo paguen avaliándolo, y si estorbaren cortar y sacar la dicha madera, paguen de pena ocho pesos, para la cámara de su magestad y propios por mitad.

Item hordenamos que, por quanto en esta isla andan todas las yeguas y vestias cimarronas y alzadas en los montes y sábanas, y a causa de andarlos se hacen muchos robos e insultos, haciendo corrales falssos y tomando potros y otras vestias mostrencas y herrándolas de sus hierros y señales y contramarcando otras, y para evitar y estrovar lo susodicho se hordena que todas las personas que tuvieren aussiones de yeguas en las dichas savanas y montes traigan y manifiesten y entreguen los hierros y señales que tuvieren con que hierran y marcan las dichas sus vestias ante el cabildo desta ciudad, los quales hierros y marcas el dicho cabildo entregue a el perssonero y mayordomo desta ciudad, el qual los tenga de manifiesto hasta en tanto que a los tiempos convinientes hordenados por la justicia se hagan corrales generales, para que cada uno conforme a la ausión que tuviere se le dé la parte que oviere de haver de los dichos potros y vestias mostrencas, el qual dicho repartimiento hagan las personas [f° 158 v] que el cabildo para ello nombrare, y que el dicho perssonero entregue acavado su año a el que entrare los dichos hierros, para que teniéndolos y llevándolos a los tales corrales donde se an de rrepartir las dicha svestias pueda herrar cada uno la parte que le cupiere, y allándose otro particular hierro o hierros o marcas en poder de las tales personas que así tienen aussiones o de otras qualesquier que sena o herrando y marcando o haciendo corrales o tomando vestias en qualquier manera, sea castigado por de urto y se proceda contra la tal persona con mucho rigor, executando en ellos las penas que los tales urtos merescen.

Item por quanto en esta isla ay mucha necesidad de vestias mulares para las harrías y para otras cosas necesarias y carretas, y es necesario que las aya, hordenamos y mandamos que en la parte y lugar que pareciere al gobernador y cabildo desta isla se haga un cercado en que se hechen una yegua por cada vecino que la quisiere echar, y a costa de los tales se compren garanñones que se hechen en ellas, y que ningún caballo ni mulo pueda entrar dentro, e aya una persona nombrada para que tenga cuidado de visitar el dicho corral, y que estén de hordinario las dichas yeguas y garañones en el dicho corral [f° 159] sin que aya otro impedimento, y a quien lo estorvare o soltare las dichas vestias del dicho corral o desbarate el dicho cercado, si fuere negro o indio, le sean dados dsocientos azotes, y si fuere blanco, pague de pena cinquenta pesos, aplicados para la cámara y propios de esta ciudad, y diez días de cárcel.

Item que, por quanto en esta isla ay mucha deshorden en los mercaderes y rregatones que compran mercadurías y vestimentos para tornar a bender, y quanto los vecinos acuden a comprar lo que an menester para sus cassas no hallan que comprar por estar ya en poder de los regatones, de los quales les es forzosso comprar a excessivos precios, y para remedio desto hordenamos y mandamos que ninguna persona compre ningunas mercadurías ni cossas de comer de las que a esta isla vinieren para tornarlas a vener asta que ayan pasado nueve días después que las tales mercadurías y comidas ayan pasado nueve días después que las tales mercadurías y comidas ayan entrado en esta isla, para que dentro de los dichos nueve días puedan comprar los vecinos lo que ovieren menester, y pasados puedan comprar los dichos rregatones para tornarlo a vender, y asimismo mandamos que ninguna persona vaya a comprar las dichas mercadurías y comidas a los puertos donde llegaren hasta que así ayan pasado los dichos nueve días, [fº 159 v] y aviéndolas comprado las manifiesten ante la justicia y escribano de cabildo, para que se apregone si hubiere algún vex¿zino que quiera tomar por el tanto algunas cosas, las quales se le den al contado o al fiado según como las compraren, y asimismo mandamos que no puedan ganar ni ganen en las dichas mercadurías que así compraren para tornar a vender más de a treinta por ciento, la qual tassa tengan fixada en las tiendas denode se vendiere, y a el que lo contario hiziere pierda las mercadurías que así comprare, aplicadas para la cámara de su magestad y propios desta ciudad.

Item que, por quanto en esta isla ay mucha deshorden en las pagas que se hacen de las deudas que se deven por obligaciones y escripturas que se otorgan a pagar en oro o en reales de plata, y al tiempo de las tales pagas las personas que las an de rrecivir, por haver poco horo y rreales en esta isla, no quieren que se les pague en perlas si no les dan por cada un pesso de oro fino veinte reales, y por cada un rreal de a quatro cinco reales, en lo qual es defarudado el que así haze la dicha paga, siendo cossa justa y lícita que un pesso de oro balga diez y seis reales y un rreal de a quatro balga quatro reales en perlas, como se paga a la caxa real de su magestad, y de su rreal caxa se pagan los oficiales rreales, por no haver en esta isla otra moneda corriente sino perlas, y para remedio desto hordenamos y mandamos que de aquí adelante, aunque las dichas escripturas y obligaciones estén hechas [fº 160] a pagar en oro o en plata y rreales, que pagando en géneros de perlas como en esta isla corren y se acostumbran pagar a la caxa real, aya cumplido y cumpla el tal deudor y no sea apremiado a otra cossa, y esté obligado a rrescivir el valor de cada pesso de oro por diez y seis reales de perlas, y por cada real de a quatro, quatro reales de perlas, pues éste es u justo valor, como por este cabildo está mandado y apregonado, y lo propio se entienda en las pagas de salarios que se hizieren a los juezes de comisión que vinieron de la real audiencia de Santo Domingo u de otra qualquier parte.

Item hordenamos y mandamos que de aquí adelante ninguna persona traiga atajos de yeguas ni manadas de caballos en el valle de la Margarita, por quanto es sitio muy estrecho, donde ay muchas estancias y sementeras y no ay pastos en el dicho valle, y las dichas yeguas se sustentan de las dichas labrancas y estancias, haciendo muchos daños, y si los dueños de las dichas yeguas no las hecharen del dicho valle y hicieren daño, paguen el tal daño que hicieren, avaliándolo la persona que la justicia mandare.

Item, por quanto a esta isla vienen muchos mercaderes de Castilla y otras partes, y después de haver vendido sus mercadurías, como tienen el dinero junto, suelen atravesar y comprar partidas de mercadurías y otras cosas para tornar a revendr, y la república padece [f° 160 v] necesidad, y le es forzosso a los vecinos comprar lo que an menester de los tales mercaderes, por lo qual hordenamos y mandamos que de aquí adelante ninguno de los tales mercaderes pueda comprar ni compre las dichas mercadurías para el dicho efecto, so pena que las que comprare se las tomarán por perdidas y se aplican para la cámara de su magestad y propios desta ciudad por mitad.

Item hordenamos y mandamos quema cavado de coxer las sementeras de maíz las pueda entrar a pastar qualquier género de ganado, desbaratando las palizadas de los tales conúcos, con que no sea donde ay algunos árboles frutales o yuca sembrada donde puedan hazer daño, y si fuere la yuca en gran cercado, cerque la yuca no más, y no todo el conuco.

Y con los capítulos y artículos arriba escriptos los dichos cabildo, justicia y rrejimiento desta dicha isla Margarita hizieron las dichas hordenancas y las aprobaron y rretificaron y lo firmaron de sus nombres, fecho en la ciudad de la Asunción, a veinte y siete días del mes de mayo de mil y quinientos y noventa y quatro años.

Alonso Suárez del castillo, Antonio Gerónimo Ferregue, Juan Alonso, Francisco González de Lugo, Jorge Gómez, Pedro de Villarroel.

Passó ante mí, Juan de Montesdoca, escribano público.

Y haviéndoseme supplicado las mandasse confirmar y aprobar, visto por los de mi consejo de las indias, lo he habido por bien, y por la presente confirmo y apruebo las dichas hordenancas arriba incorporadas, y mando que se guarden, cumplan [f° 161] y excuten como en ellas se contiene por el tiempo que fuere mi voluntad, y en el entretanto que por mí otra cossa se proveyere y hordenare.

Fecha en Madrid, a diez y siete de henero de mil y quinientos y noventa y seis años.- Yo el rey.

Refrendada de Juan de Ybarra y señalada del presidente y los del consejo.

ANEXO B: COPIA FOTOSTÁTICA DEL ORIGINAL DE LA ORDENANZA PARA EL BUEN GOBIERNO Y REGIMIENTO DICTADA POR EL CABILDO DE LA ASUNCIÓN EL 27 DE MAYO DE 1594 Y CONFIRMADA POR EL REY EN MADRID EL 10 DE ENERO DE 1596[24]

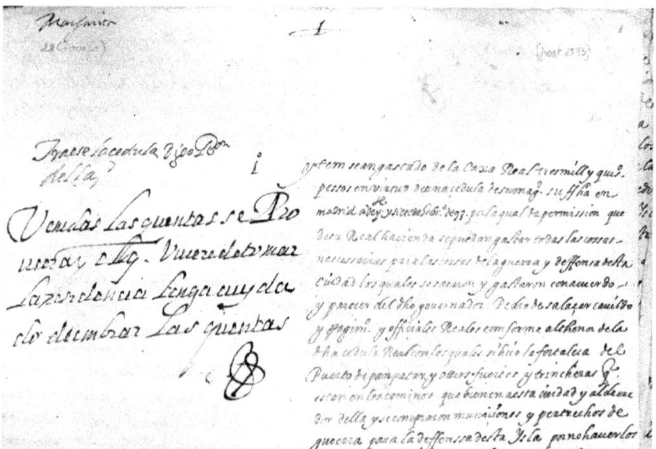

[24] ARCHIVO GENERAL DE INDIAS (SEVILLA-ESPAÑA). Audiencia de Santo Domingo, legajo 182, folios 584-644. Ramo I. MARGARITA.- S. XVI (29.-A 27-V-1594) y el documento mediante el cual El rey avala las ordenanzas, 29 (+ anejo) [10-1-1596].

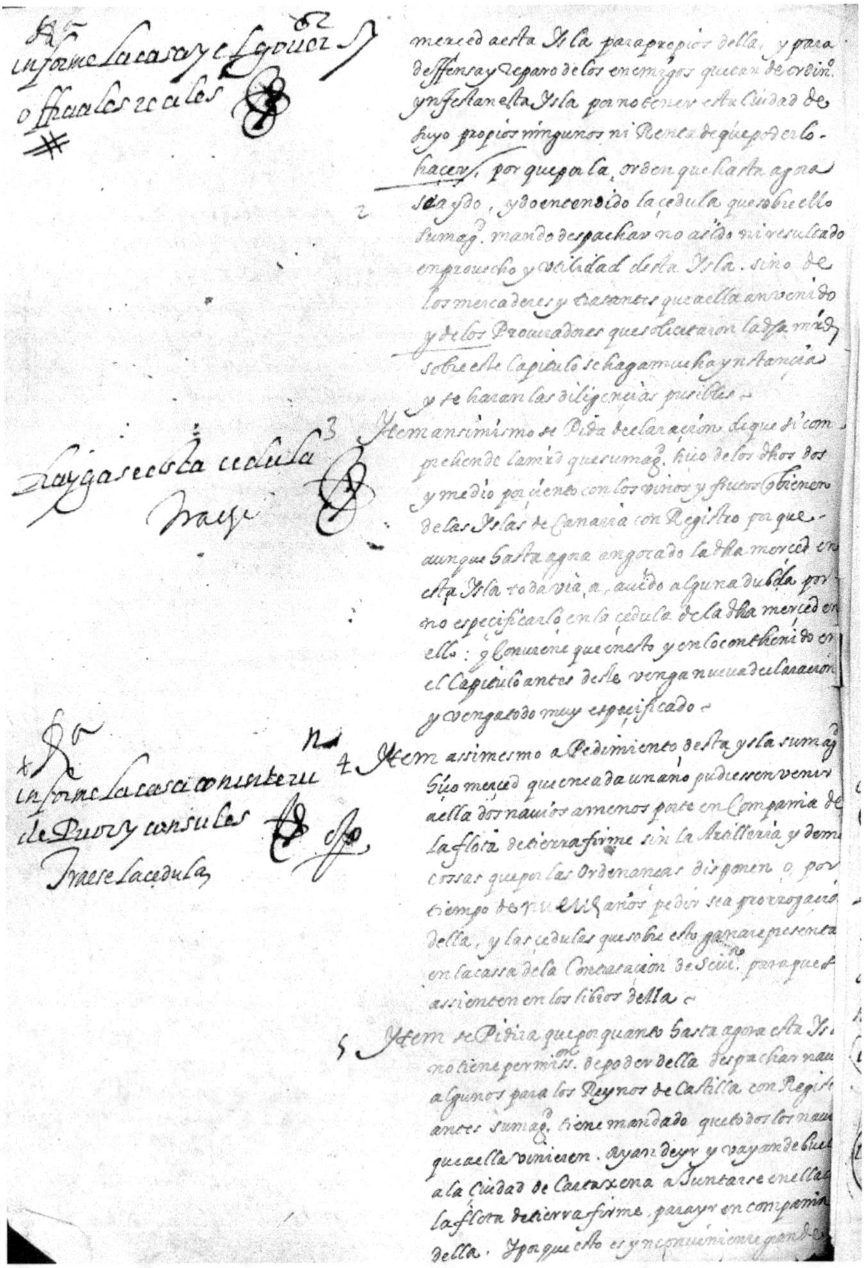

Rs informe la casa y el gouor. y officiales reales

merced a esta Ysla para propios della, y para
deffensa y reparo de los enemigos que caen de ordin.
ynfestan esta Ysla por no tener esta Ciudad de
suyo propios ningunos ni Renta de que poder lo
hacer, porque por la orden que hasta agora
se a ydo, y do entendido la cedula que sobre ello
su mag. mando despachar no a sido ni resultado
en provecho y utilidad desta Ysla sino de
los mercaderes y tratantes que a ella an venido
y de los Procuradores que solicitaron la dha md
sobre este Capitulo se haga mucha ynstancia
y se haran las diligencias posibles –

Laygase esta cedula traese

3 Item ansimismo se pida declaracion de que si com
prehende la md que su mag. hizo de los dhos dos
y medio por ciento con los vinos y frutos que vienen
de las Yslas de Canaria con Registro porque
aunque hasta agora an gozado la dha merced en
esta Ysla todavia a avido alguna dubda por
no especificarlo en la cedula de la dha merced en
ello: y conviene que en esto y en lo contenido en
el Capitulo antes deste venga nueva declaracion
y venga todo muy especificado –

Rs informe la casa contratacion de Pior y consules
Traese la cedula

4 Item assimesmo a pedimiento desta ysla su mag
hizo merced que en cada un año pudiessen venir
a ella dos navios a menos porte en compañia de
la flota de tierra firme sin la Artilleria y demas
cossas que por las ordenanças disponen o por
tiempo de [illegible] años pedir sea prorrogacion
della, y las cedulas que sobre esto ganare presentar
en la cassa de la Contratacion de Sevilla para que se
assienten en los libros della –

5 Item se pida que por quanto hasta agora esta Ysla
no tiene permission de poder della despachar navios
algunos para los Reynos de Castilla con Regis
antes su mag. tiene mandado que todos los navios
que a ella vinieren ayan de yr y vayan de buelta
a la Ciudad de Cartaxena a juntarse en ella con
la flota de tierra firme para yr en compañia
della. Y porque esto es ynconveniente grande

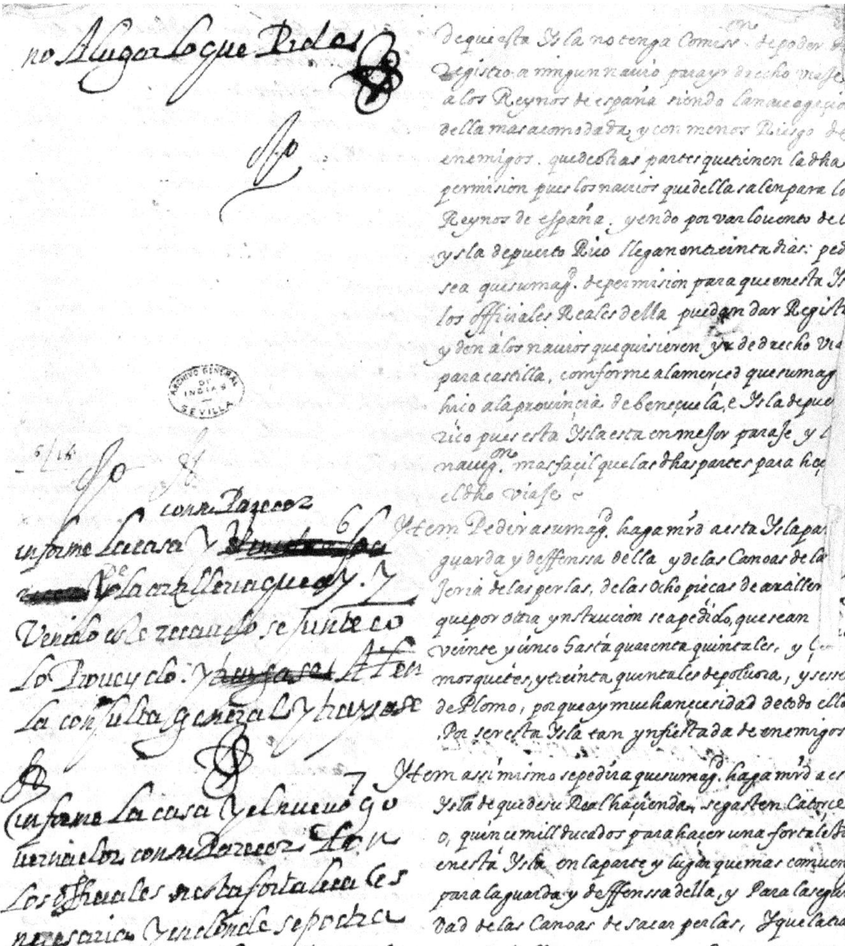

no ha lugar lo que pide

de que esta Ysla no tenga comision de poder dar
Registro a ningun navio para yr derecho viaje
a los Reynos de españa siendo la navegacion
della mas acomodada y con menos Riesgo de
enemigos. que de otras partes que tienen la dha
permision pues los navios que della salen para los
Reynos de españa yendo por barlovento de la
ysla de puerto Rico llegan en treinta dias: pedi
sea que su mag. de permision para que en esta Ysla
los officiales Reales della puedan dar Registro
y den a los navios que quisieren yr de derecho via
para castilla, conforme a la merced que su mag
hizo a la provincia de beneçuela, e Ysla de puerto
rico pues esta Ysla esta en mejor paraje y la
navegacion mas facil que las dhas partes para hacer
el dho viaje ~

Item Pedira a su mag. haga mrd a esta Ysla para
guarda y deffenssa della y de las Canoas de la
Pesqueria de las perlas, de las ocho piecas de artilleria
que por otra ynstrucion se a pedido, que sean
veinte y cinco hasta quarenta quintales, y
mosquetes, y treinta quintales de polvora, y
de Plomo, por que ay mucha necesidad de todo ello
Por ser esta Ysla tan ynfestada de enemigos.

Item assi mismo se pedira que su mag. haga mrd a esta
Ysla de que de su Real haçienda, se gasten catorce
o, quince mill ducados para hacer una fortaleza
en esta Ysla en la parte y lugar que mas conuenga
para la guarda y deffenssa della, y para la seguridad
de las Canoas de sacar perlas, y que la traça
y modo della, y en que parte a de ser se cometa a
Pedro de Salazar, Gouernador y capn. gnral desta
Ysla ~

Item por el Capitulo antes deste, desta ynstrucion
pide, su mag. haga mrd de catorce, o, quince mil
ducados, que de su Real hazda. se gasten para hacer
una fortificacion fortaleza en esta Ysla, y aguar
no hubiere por bien de que de su Real haza. se gaste
a lo menos se ay permita, de que de las sobras
huuiere en su Real Caxa de los pesos y
de las Perlas de los Reales quintos, se queda hacer

la dha fortaleza, pues las dhas sobras son
y los an metido en la dha Real Caxa, los
vezinos que an quintado y metido las dhas
perlas sin ser de la Real Hazienda de su mag.
y para ello se pida cedula para que los officiales
den y entreguen las dhas sobras cada vez que
hubieren de Remitir a su mag. su Real hazienda
Ytem Por quanto esta Ysla es pobrisima y no
tiene propios ningunos de que poder adereçar
los Caminos y hacer otras obras publicas ni de
que hacer las fiestas y procesiones que se hacen
el dia de Corpus Christi y otras fiestas. Pidese
a su mag. haga md. y de permision para que en
cada año el cavildo y Regimiento de la ciudad
pueda Repartir y hechar sobre las cosas de comer
y por sisa [illegible] en cantidad de seis [illegible] pesos
y que de la cobrança dellos [illegible] tenga quenta
y [illegible] en el procurador sindico
desta Ciudad [illegible]
Ytem hara Relacion como en las nuevas Or
denanças que su mag. embio para el buen govi
erno de la granjeria de las perlas ay un cap.
en que por el se manda que un año sea alcalde
de la dha granjeria un vez. desta Ysla que sea
señor de canoa y otro año lo sea ansimesmo
otro vez. de la Ciudad de Cumaná, y porque
en la dha Ciudad de Cumaná no ay mas de
dos dueños de canoas y el uno dellos es el
gover. della y todas las demas canoas son
desta Ysla [illegible]
gozar de la dha preheminencia y sobre
la eleccion de los dhos alcaldes y [illegible] ay
todos los años grandes disensiones y pesadum
bres, demas de lo qual los dueños de las canoas
de la dha Ciudad de Cumaná no quieren suje
tarse a lo que en esta Ysla se hordena, ni sus
canoas pescan a donde pescan las de esta Ysla
por lo qual al presente esta agraviada [illegible]
la granjeria de las perlas [illegible] de que
resulta grandes daños y peligros Porque qual

Traese la informon.
Informen los governadores con los officiales reales de una parte y de otra

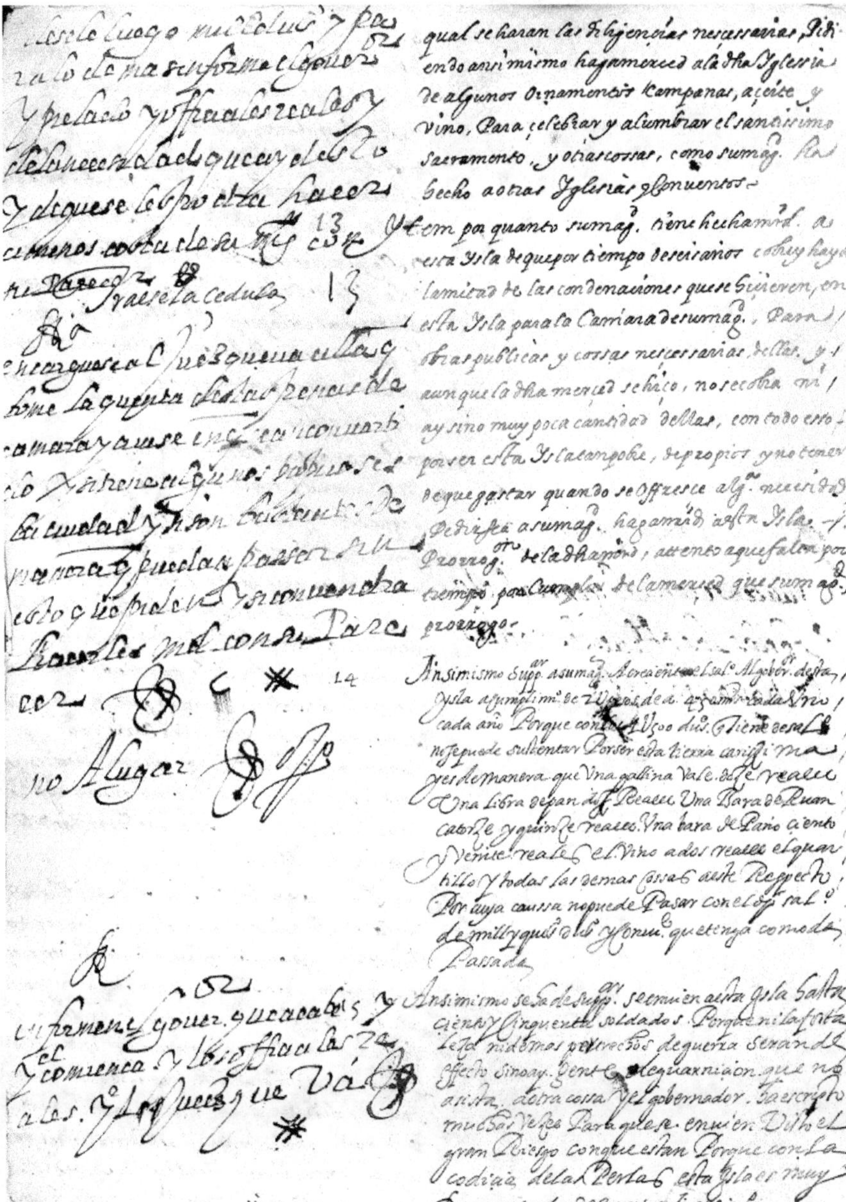

qual se haran las diligencias nescessarias, pidiendo anssimismo haga merced a la dicha Yglesia de algunos ornamentos, campanas, aceite y vino, para celebrar y alumbrar el santissimo sacramento, y otras cossas, como su mag. ha hecho a otras Yglesias y conventos.

Item por quanto su mag. tiene hecha mrd. a esta Ysla de que por tiempo de seis años [illegible] haya la mitad de las condenaciones que se hizieren, en esta Ysla para la Camara de su mag. para obras publicas y cossas nescessarias dellas, y aunque la dicha merced se hizo, no se cobra ni ay sino muy poca cantidad dellas, con todo esto por ser esta Ysla tan pobre, de propios y no tener de que gastar quando se offresce alguna necesidad, pide se a su mag. haga mrd. a esta Ysla de prorrogacion de la dicha mrd. atento a que falta poco tiempo para cumplirse de la merced que su mag. [illegible] prorrogo.

Ansimismo supplicar a su mag. acreciente el sal.º al gobor. desta Ysla a cumplimiento de [illegible] cada uno cada año porque con [illegible] que tiene de sal.º no se puede sustentar por ser esta tierra carissima, de manera que una gallina vale doze reales, una libra de pan dos reales, una vara de ruan catorze y quinze reales, una vara de paño ciento veinte reales, el vino a dos reales el quartillo y todas las demas cossas a este respecto, por cuya causa no puede pasar con el dho sal.º de mill y quis. [illegible] que tenga comoda passada.

Ansimismo se ha de supplicar se envien a esta Ysla ciento y cinquenta soldados, porque ni la fortaleza ni demas pertrechos de guerra seran de effecto si no ay gente de guarnicion que no asista a otra cosa y el gobernador ha escripto muchas vezes para que se envien, visto el gran riesgo con que estan porque con la codicia de las perlas esta Ysla es muy frequentada de cossarios de ordin.

16 Assimismo supp.ar a Su mag.d se aga md a esta
Ysla de treynta quintales de Polvora
17 ~ Veynte quintales de cuerda
18 ~ Cien Arcabuzes Para tener de respecto y Prober a los
que estan faltos dellos
19 ~ Cinquenta Mosquetes Para lo mismo
20 ~ Cien picas.
21 ~ Cinquenta coseletes negros.
22 ~ qua.o Piezas gruesas de a quarenta quintales
23 ~ Dos Piezas medianas de treynta quintales
24 ~ Trescientas Valas rasas para la artilleria
25 ~ Mas cien Valas de cadena Para lo mismo
26 ~ Treynta quintales de plomo
27 ~ Tres artilleros
28 ~ Tres canteros Para fabrica de la fuerza y hornos de cal
29 ~ Veinte negros
30 ~ Herramientas Para la fabrica y demas Prepara
mentos

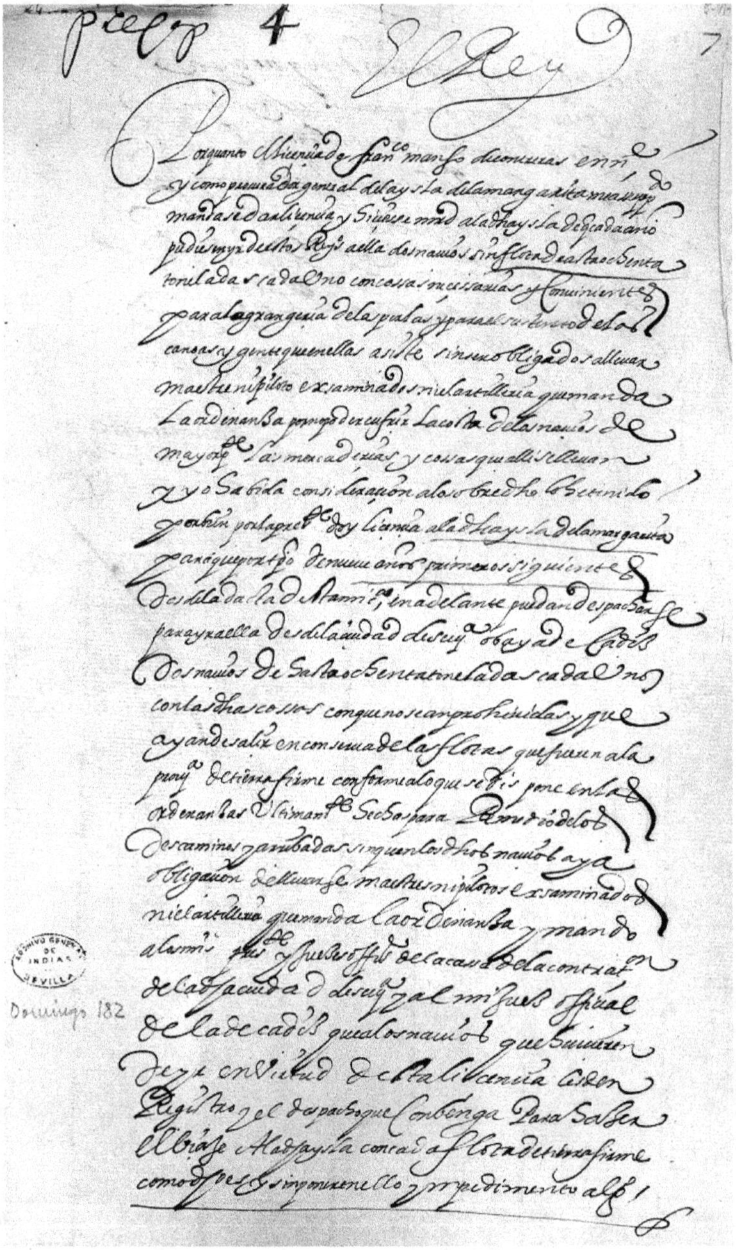

El Rey

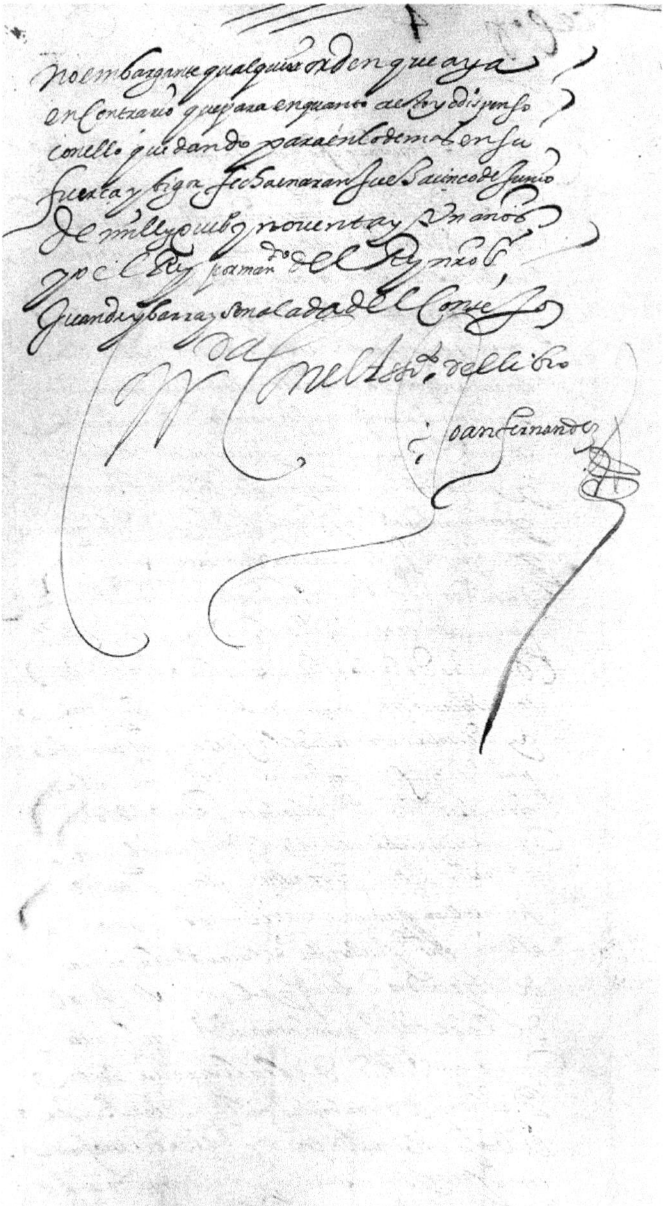
no embargante qualquier orden que aya
en contrario que para en quanto a esto dispenso
con ello quedando para en lo demas en su
fuerza y vigor. Fecha en Aranjuez a cinco de Junio
de mill y quinientos y noventa y un años
yo el Rey. Por mandado del Rey nuestro señor
Juan de Ybarra. Señalada del Consejo

Joan Fernandez

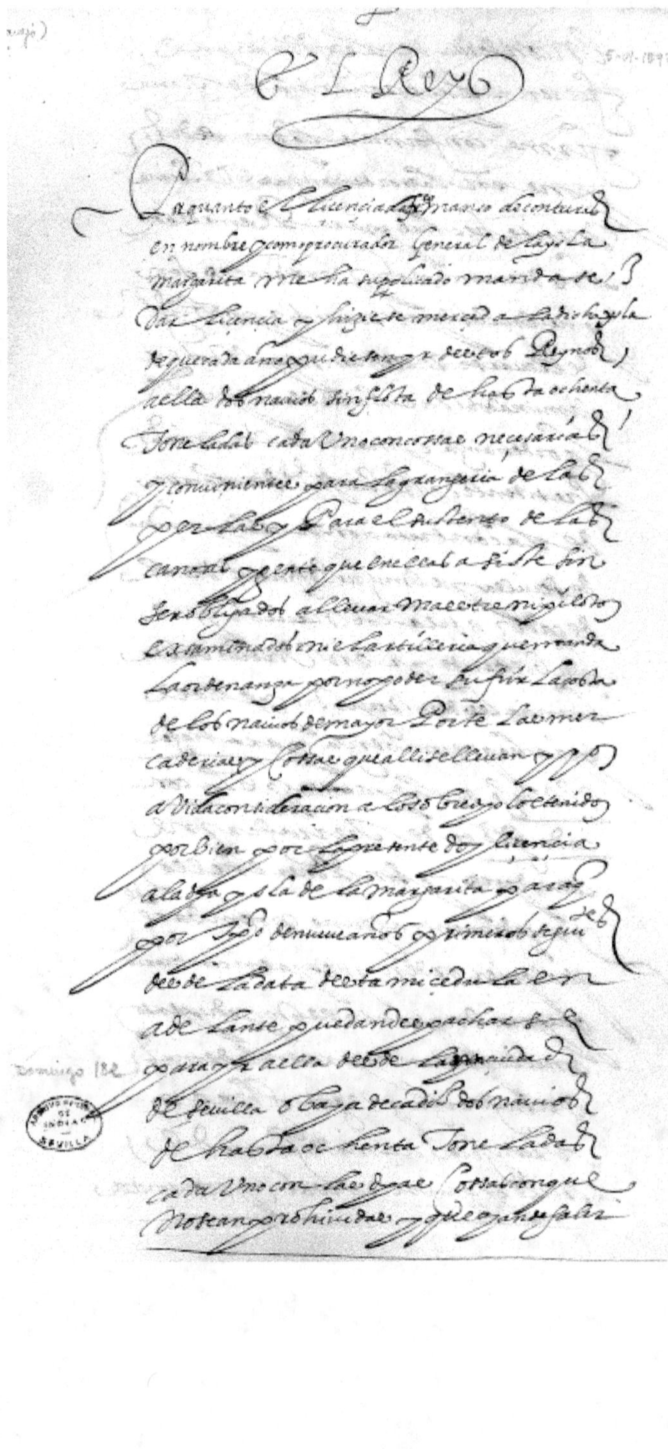

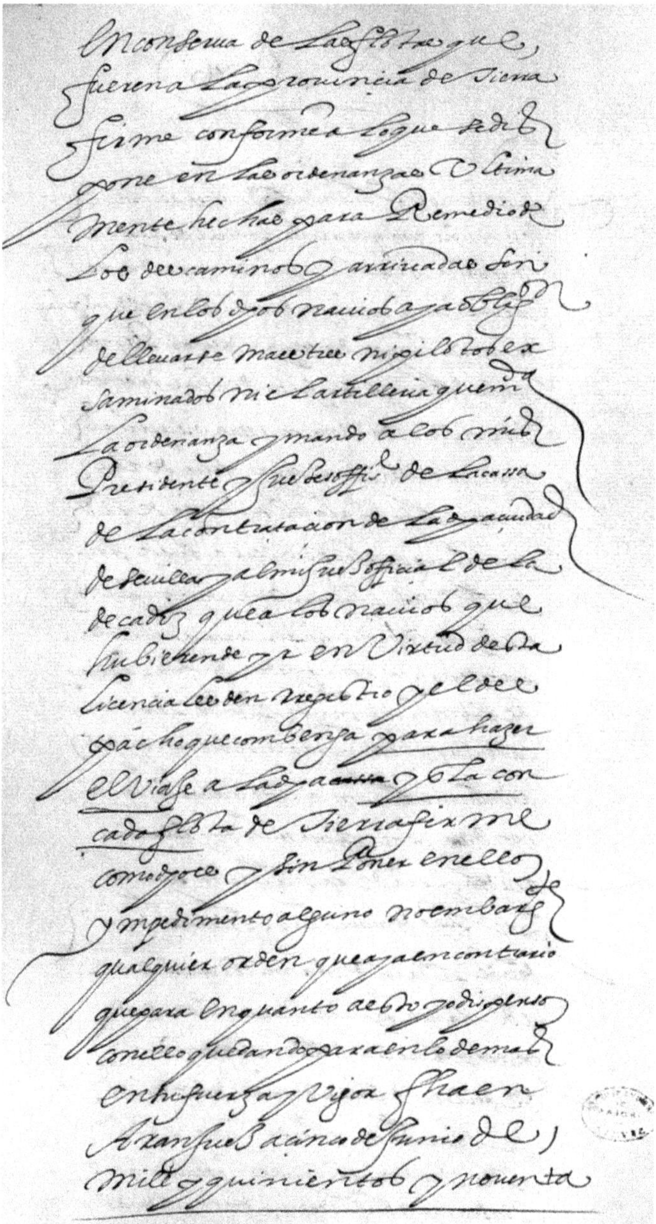
En conserva de la flota que
fuere a la provincia de tierra
firme conforme a lo que se dis-
pone en las ordenanzas ultima
mente hechas para remedio de
los descaminos y arribadas sin
que en los dichos navios aya obli-
gacion de llevar se maestres ni pilotos ex-
saminados ni el artilleria que manda
la ordenanza y mando a los mis
Presidente y juezes offiçiales de la cassa
de la contratacion de la ciudad
de Sevilla y al mi juez official de la
de Cadiz que a los navios que
subieren de ir en virtud de la
licencia les den recaudo y el des-
pacho que convenga para hazer
el viaje a la … con la
cada flota de tierra firme
como dicho es y sin poner en ello
impedimento alguno no embargante
qualquier orden que aya en contrario
que para en quanto a esto yo dispenso
con ello quedando para en lo demas
en su fuerza y vigor fecha en
Aranjuez a nueve de junio de
mill y quinientos y noventa

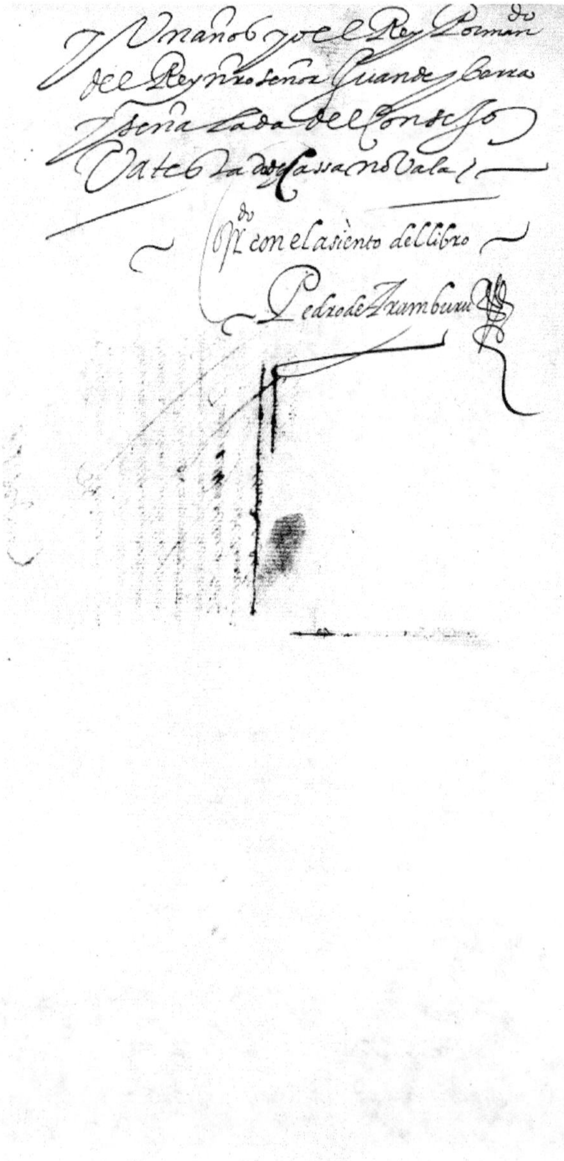
Yo el Rey
con el asiento del libro

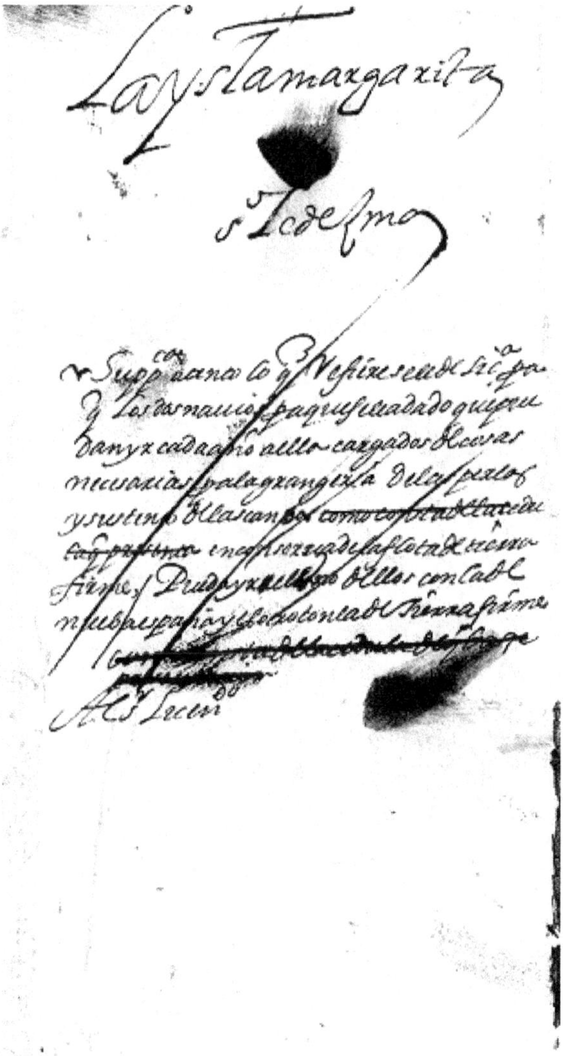
La ysla margarita

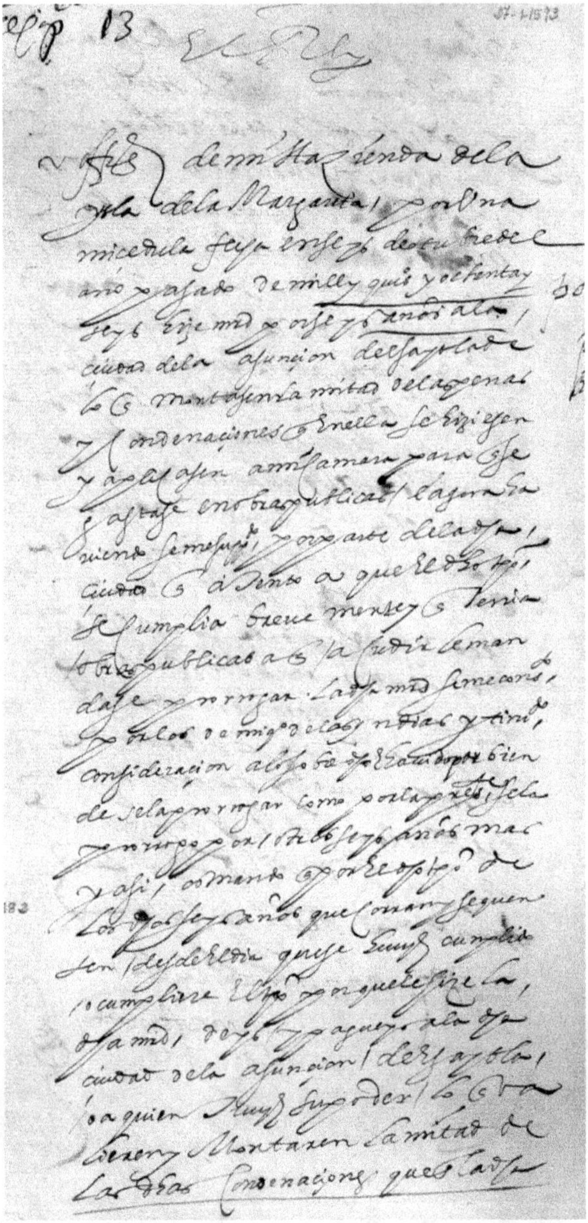

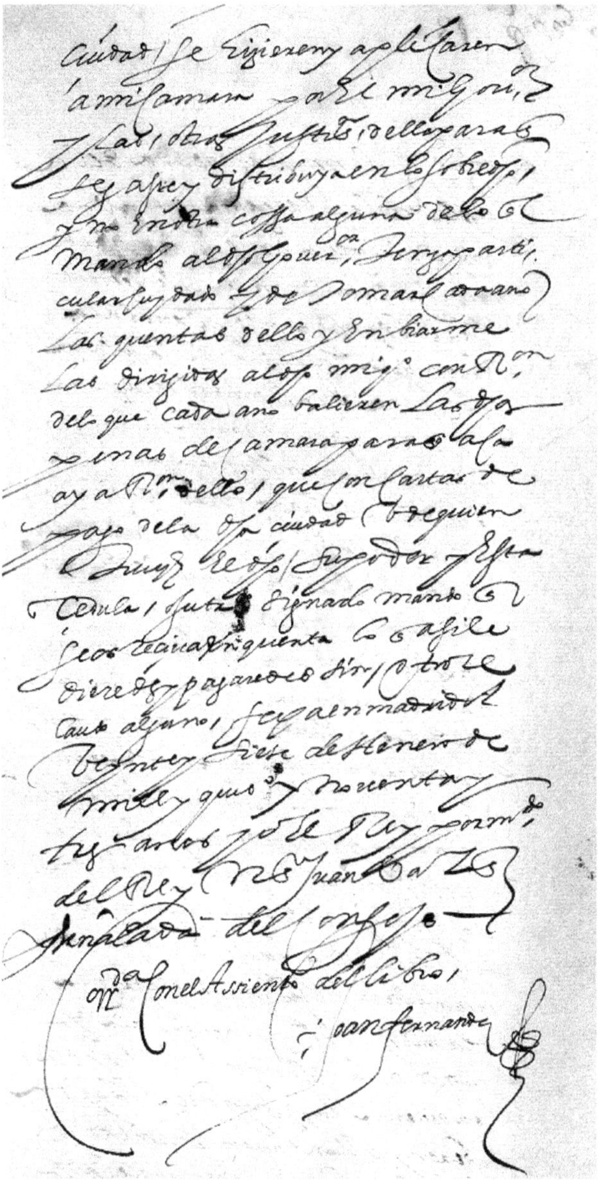

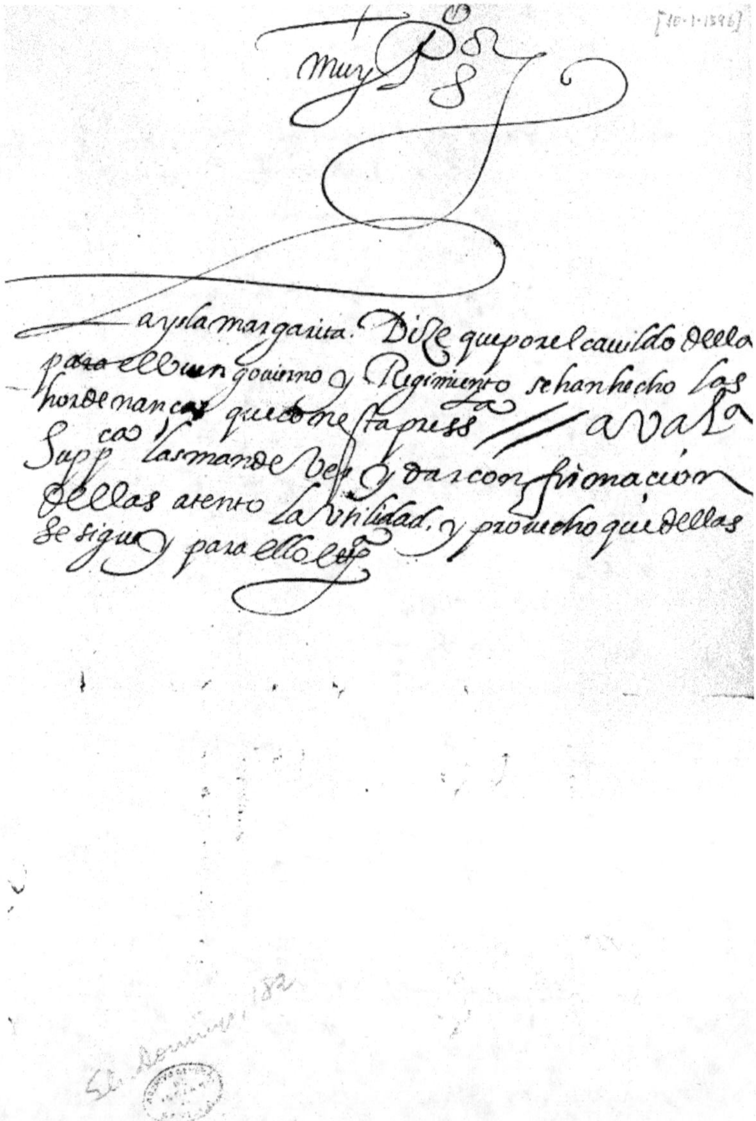

[10-1-1596]

Muy Poderoso Señor

La ysla margarita. Dize que por el cavildo della para el buen govierno y Regimiento se han hecho las hordenanças que con esta presenta a v. a. Supp.ca las mande ver y dar confirmación dellas atento la utilidad y provecho que dellas se sigue y para ello etc.

Sto. Domingo, 182

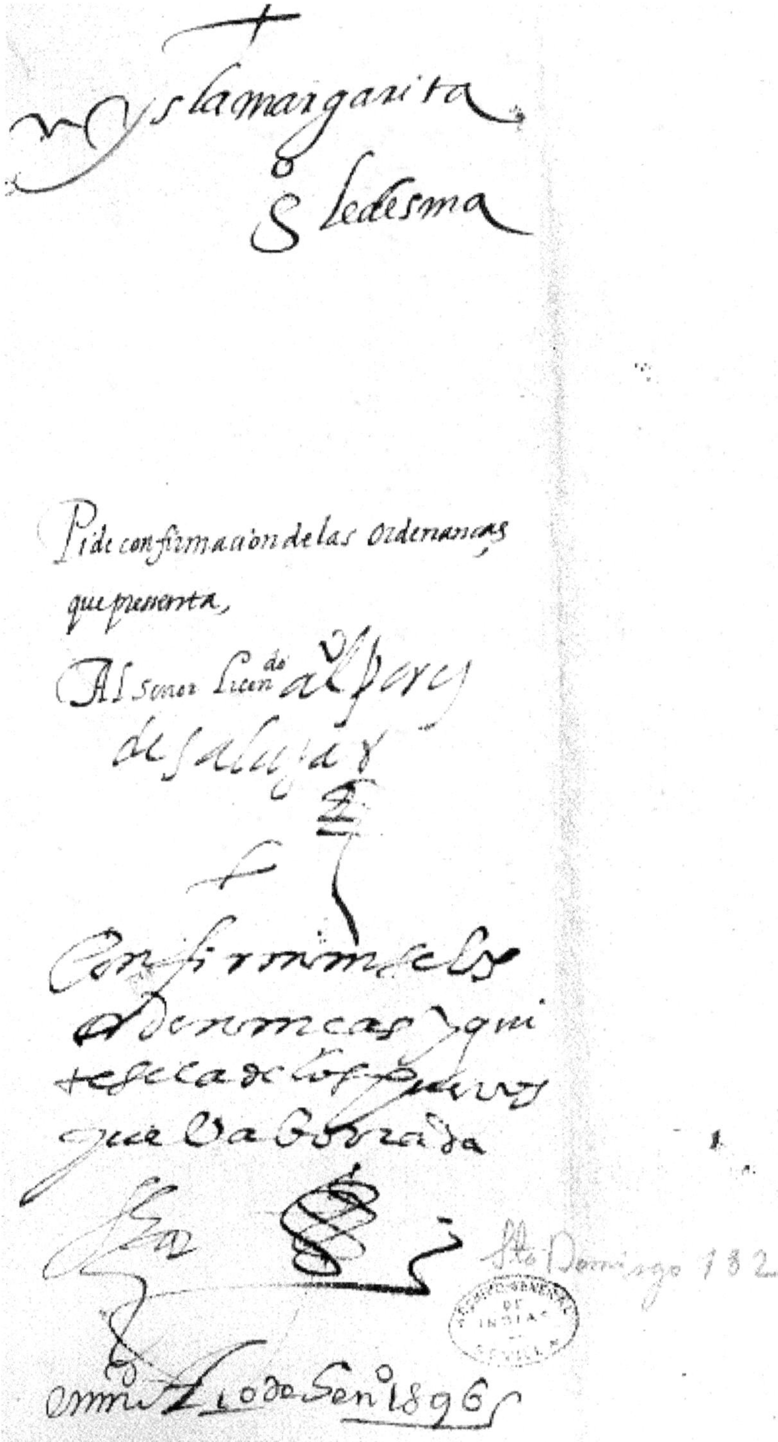
Ysla Margarita

Ledesma

Pide confirmación de las ordenanças que presenta.

Al señor Licen.do [illegible] Perez de Salazar

Confirmanse las ordenanças y que se saca de los [illegible] que va borrada

Sto Domingo 182

ARCHIVO GENERAL DE INDIAS SEVILLA

[illegible] 1896

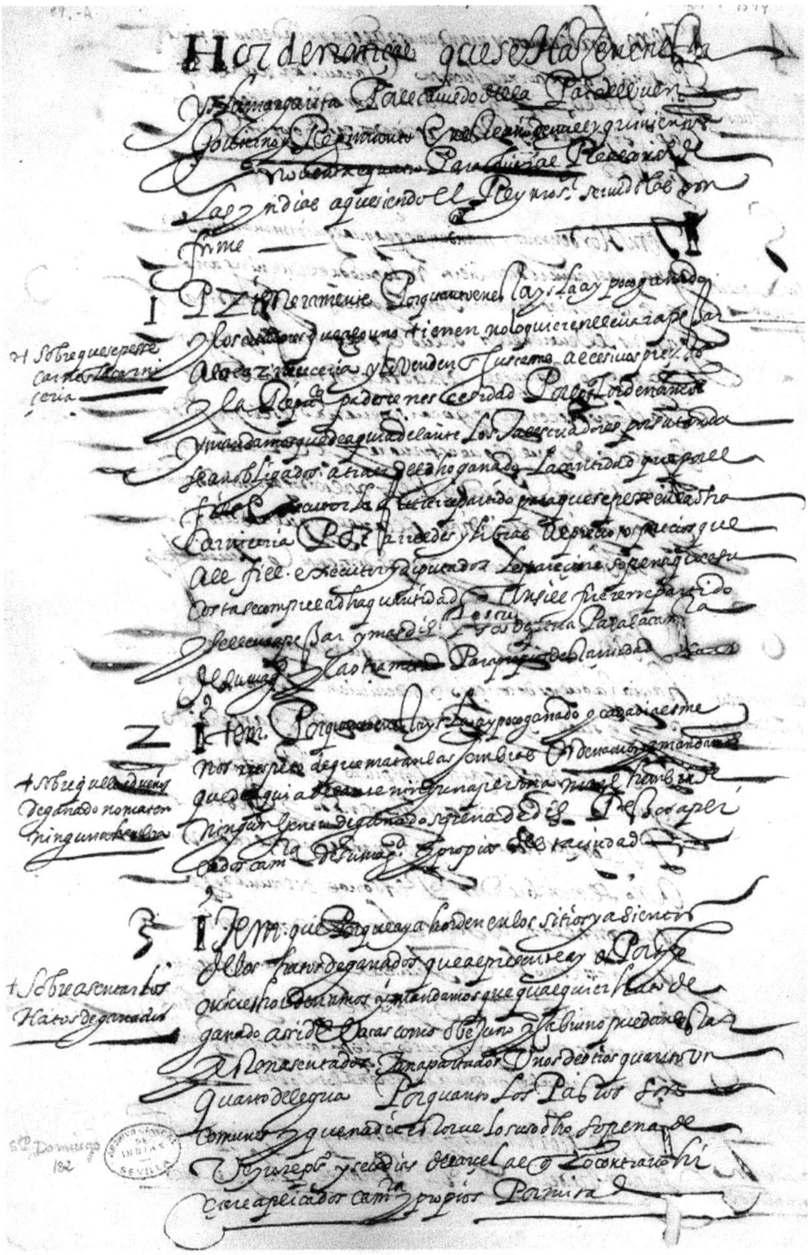

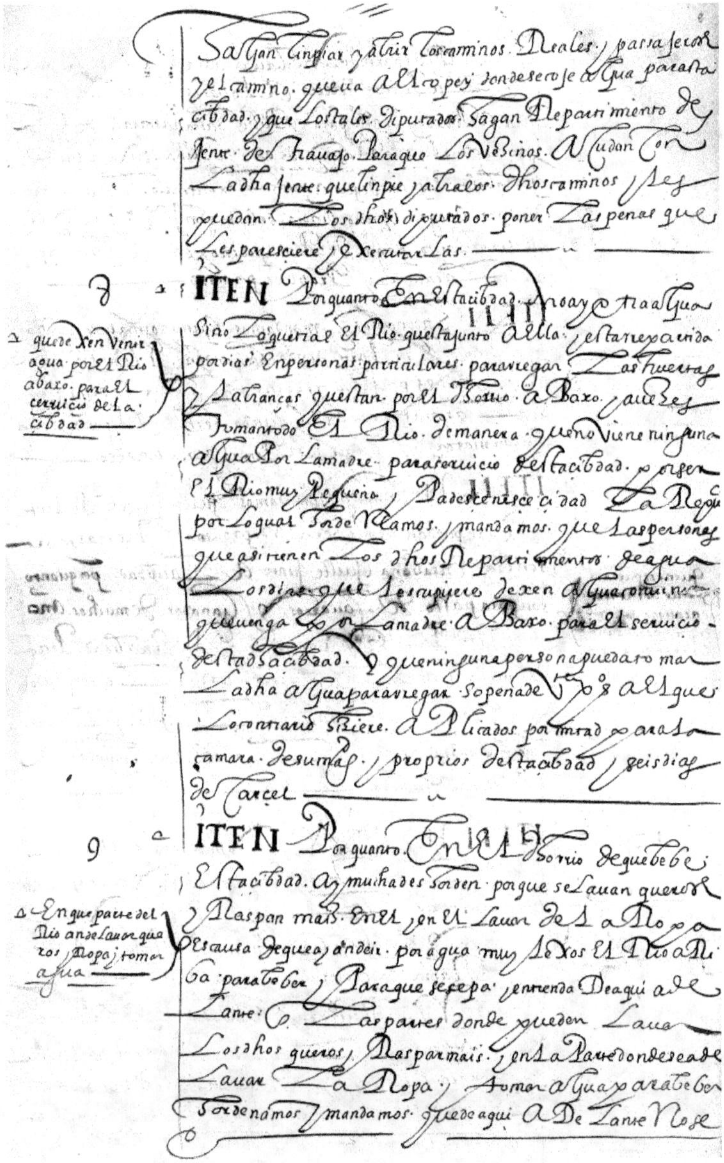

salgan Linpiar y abrir Los caminos Reales y para secor
y el camino que va al Copey donde se coje el agua para esta
cibdad y que Los tales diputados hagan Repartimiento de
jente de trabajo para que Los vesinos acudan con
La dha jente que Linpie y abra los dhos caminos y se
puedan Los dhos diputados poner Las penas que
Les paresciere y executar Las ——

8 ITEN porquanto En esta cibdad no ay otra agua
sino la que traia el Rio que esta junto a ella y esta Repartida
por dias en personas particulares para regar Las huertas
y labranças questan por el Rio abaxo y a veses
toman todo El Rio de manera que no viene ninguna
agua por La madre para servicio desta cibdad por ser
el Rio muy pequeño y padesce necesidad La Repu[illegible]
por Lo qual hordenamos y mandamos que Las personas
que asi tienen Los dhos Repartimientos de agua
Los dias que Les cupiere dexen agua corriente
que venga por La madre abaxo para el servicio
desta dha cibdad y que ninguna persona pueda tomar
La dha agua para regar so pena de [illegible] al que
Lo contrario hiziere aplicados por mitad para la
camara de su mag y propios desta cibdad y seis dias
de carcel ——

que dexen venir agua por el Rio abaxo para el servicio de la cibdad

9 ITEN porquanto En el Rio de que beve
Esta cibdad ay muchas hordenes porque se Lavan cueros
y Raspan mais en el y en el Lavan de la Ropa
[illegible] de que ay andar por agua muy Lexos el Rio arri
ba para bever y para que se sepa y entienda de aqui adelante
Las partes donde pueden Lavar
Los dhos cueros y Raspar mais y en La parte donde se a de
Lavar La Ropa y tomar agua para bever
hordenamos y mandamos que de aqui adelante no se

En que parte del Rio an de Lavar cueros Ropa y tomar agua

pueda Nas parmais ni lauar queros. sino fuere den
de la puente que va a las casas de melchior lopez
para abaxo y de alli para arriba hasta las casas de juan
gacedo. se laue ropa y de ay arriba se dexa agua
para beber so pena de que a quien lo contrario hiziere si fue
re negro o negra o yndio o yndia se le den cinqta. açotes y si
fuere blanco pague de pena quatro pesos aplicados pa
ra la camara y propios

10 a ITEN ordenamos y mandamos que ninguna persona nay
ga puercos en parte donde haga daño ni dentro desta
ciudad por el perjuizio que suelen hazer so pena que
si los mataren aviendo hecho algun daño los
puedan matar sin yncurrir en pena alguna por ello

que puedan matar los puercos que hiziendo daño

11 a ITEN hordenamos y mandamos que de aqui adelante
no se puedan proveer ni provean tierras para
sembrar en sabana que este junto a la ciudad porquanto
son para pasto de cavallos y ganados de muchos años
a esta parte del servicio desta ciudad pena
de que quien las sembrare pierda lo sembrado
y se le deshaga a su costa la cerca que tuviere
hecha para que entren las bestias y ganados a
pacer como de antes

que no se puedan dar tierras en cauana junto a la ciudad ni siembraren ellas

12 a ITEN hordenamos y mandamos que de a
qui adelante todas las labrancas y sementeras
que se sembraren las cerquen de quatro varas
en alto y siete pies de lante a lante y texido
de rama de manera que no pueda entrar
ganado ni bestias a hazer daño y si haziendo
y teniendo la dha cerca entrare algun
ganado o bestias se pague el daño que hizieren ff.o
lo qual sea tasado por dos personas que para ello

1 que las labrancas se cerquen de palizadas

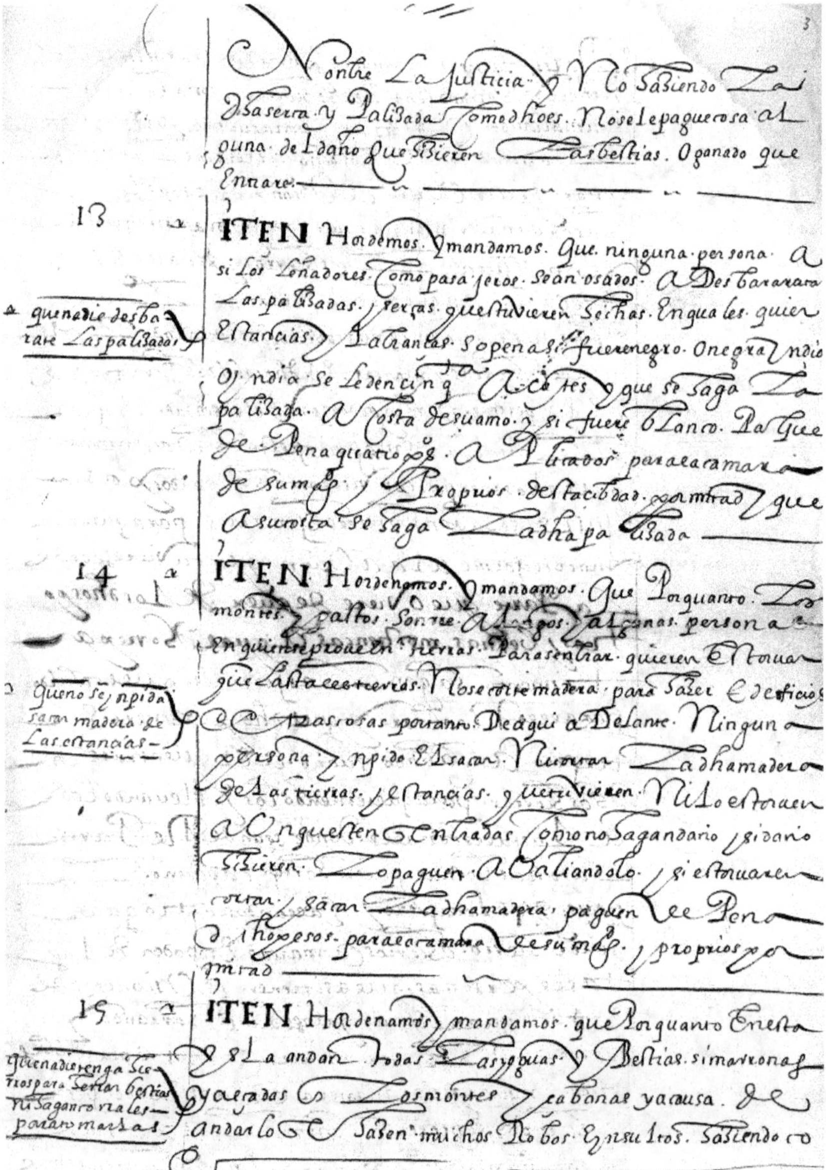

Nonbre la justicia y no sabiendo la
dha serca y palisada como dho es. no se le paguera cosa al
guna del daño que hizieren las bestias o ganado que
entrare —

13 ITEN Hordenamos y mandamos que ninguna persona a
si los leñadores como pasajeros sean osados a desbaratar
las palisadas y sercas que estuvieren hechas en que les quier
estancias y labranças so pena si fuere negro o negra yndio
o yndia se le den cien açotes y que se haga la
palisada a costa de su amo y si fuere blanco pague
de pena quatro pesos aplicados para la camara
de su mag.d y propios desta ciudad por mitad y que
a su costa se haga la dha palisada —

que nadie desbarate las palisadas

14 ITEN Hordenamos y mandamos que porquanto los
montes y altos son [illegible] algunas personas
en quien se proveen tierras para sembrar quieren estorvar
que [illegible] no se corte madera para hazer edificios
y [illegible] cosas por tanto de aqui adelante ninguna
persona ympida el sacar ni cortar la dha madera
de las tierras y estancias que tuvieren ni lo estorven
a los que fueren con criadas como no hagan daño y si daño
hizieren lo paguen avaliandolo y si estorvaren
cortar y sacar la dha madera paguen de pena
quatro pesos para la camara de su mag.d y propios por
mitad —

que no se ympida sacar madera de las estancias

15 ITEN Hordenamos y mandamos que porquanto en esta
ysla andan todas las yeguas y bestias simarronas
y cerradas en los montes y cabonas y a causa de
andar los [illegible] saben muchos robos e ynsultos sabiendo [illegible]

que nadie tenga [illegible] para cerrar bestias ni haga corrales para [illegible]

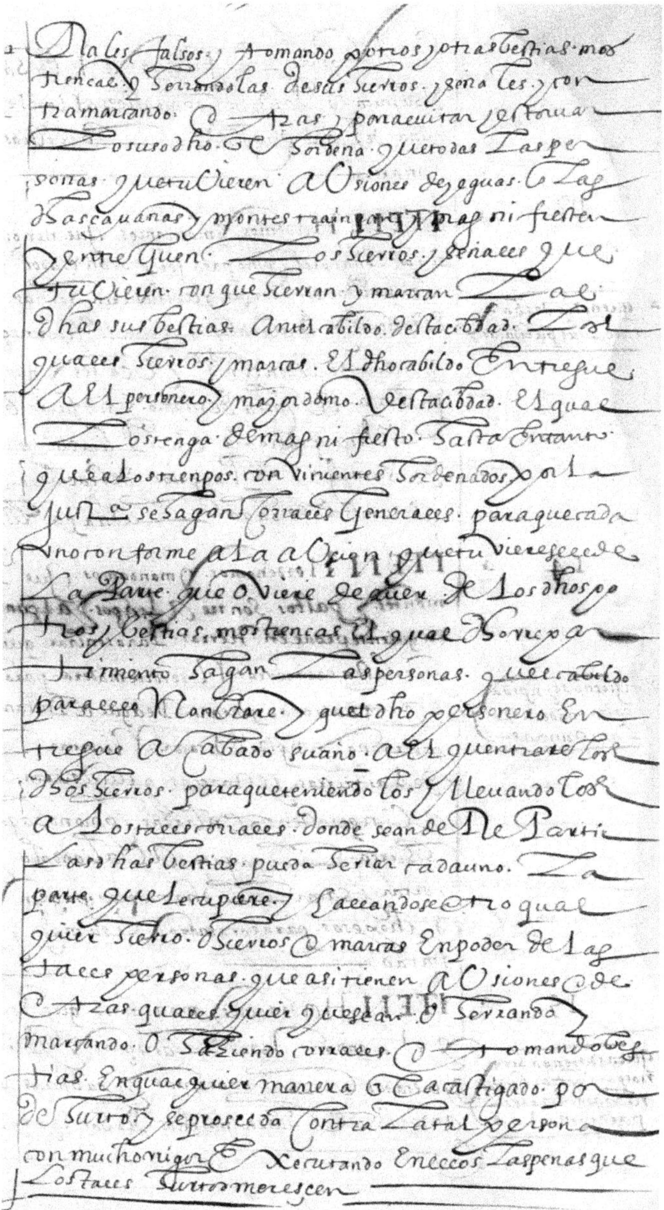

dales falsos y tomando potros y otras bestias mos-
trencas y herrandolas de sus fierros y señales y con-
tramarcando. Otras y para evitar ... esto
lo susodicho. Se ordena que todas las per-
sonas que tuvieren acciones de yeguas e las
de cavañas y montes ... mas ni fierro ...
entreguen los fierros y señales que
tuvieren con que fierran y marcan las
dichas sus bestias ante el cabildo de esta ciudad. Los
quales fierros y marcas el dicho cabildo entregue
al personero y mayordomo de esta ciudad. El qual
los tenga de manifiesto hasta en tanto
que a los tienpos convinientes ordenados por la
justicia se hagan corrales generales para que cada
uno conforme a la acción que tuviere se le de
la parte que oviere de aver de los dichos po-
tros y bestias mostrencas el qual repar-
timiento hagan las personas que el cabildo
pareciere nonbrare y que el dicho personero en-
tregue a cada uno al que entrare los
dichos fierros para que teniendolos y llevandolos
a los tales corrales donde se an de repartir
las dichas bestias pueda herrar cada uno la
parte que le cupiere y haciendose otro qual
quier fierro o fierros o marcas en poder de las
tales personas que asi tienen acciones de
otras qualquier que ... herrando y
marcando o haziendo corrales o tomando bes-
tias en qualquier manera sea castigado por
el ... y se proceda contra la tal persona
con mucho rigor executando en ellos las penas que
los tales delitos merescen

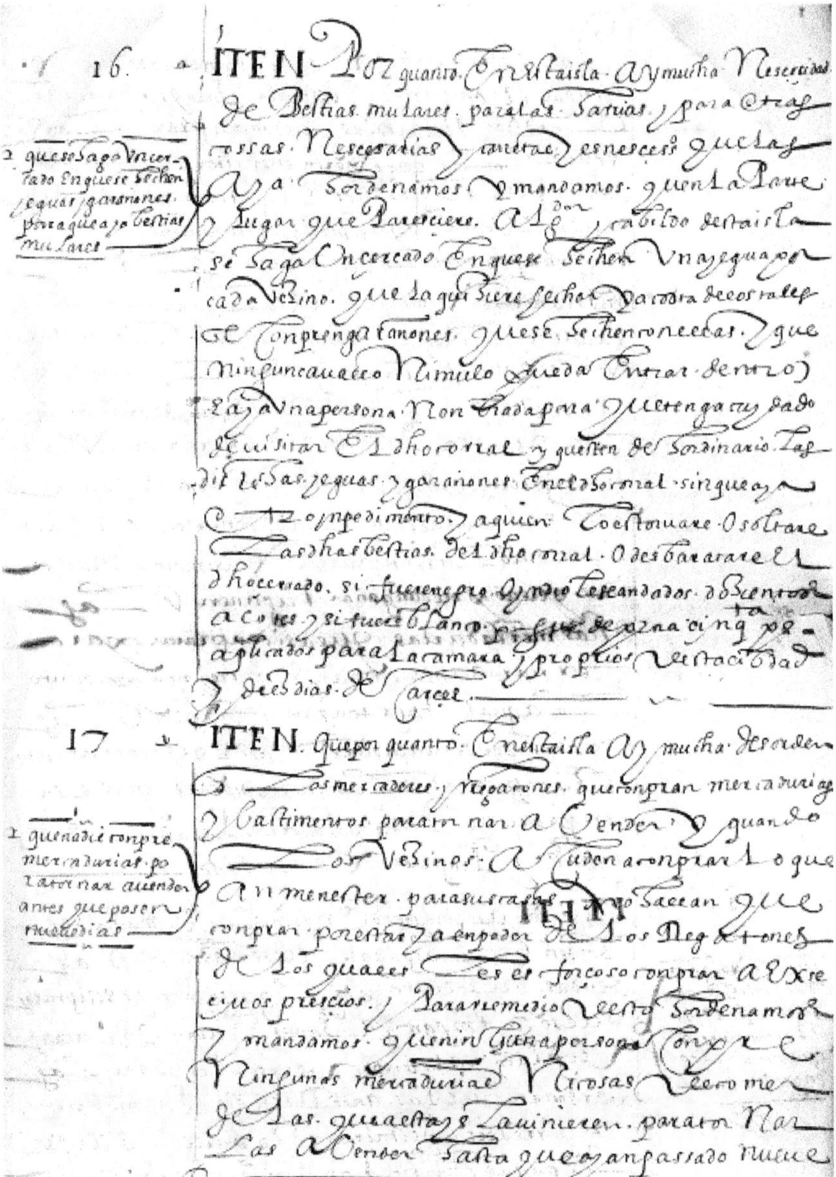

16. ITEN Por quanto en esta isla ay mucha nesesidad de bestias mulares para las [illegible] y para otras cosas nesesarias y conviene y es nesesario que las aya, ordenamos y mandamos que en la parte y lugar que pareciere al dicho cabildo desta isla se haga un cercado en que se echen una yegua por cada vezino que la quisiere echar para cría de ellos y se compren garañones que se echen con ellas, y que ningún cavallo ni mulo pueda entrar dentro y aya una persona nombrada para que tenga cuidado de visitar el dicho corral y que esten de ordinario las dichas yeguas y garañones en el dicho corral sin que aya impedimento, y quien lo estorvare o soltare las dichas bestias del dicho corral o desbaratare el dicho cercado, si fuere negro o indio le sean dados doscientos azotes y si fuere blanco [illegible] de pena cinquenta pesos aplicados para la cámara y propios desta ciudad y diez días de cárcel.

Margin: que se haga un cercado en que se echen yeguas y garañones para que aya bestias mulares

17. ITEN que por quanto en esta isla ay mucha desorden de los mercaderes y regatones que compran mercadurías y bastimentos para tornar a vender y quando los vezinos acuden a comprar lo que an menester para sus casas no hallan que comprar por estar ya en poder de los regatones de los quales les es forçoso comprar a excesivos precios. Para remedio de lo qual ordenamos y mandamos que ninguna persona compre ningunas mercadurías ni cosas [illegible] de las que a esta isla vinieren para tornarlas a vender hasta que ayan pasado nueve

Margin: que nadie compre mercadurías para tornar a vender antes que pasen nueve días

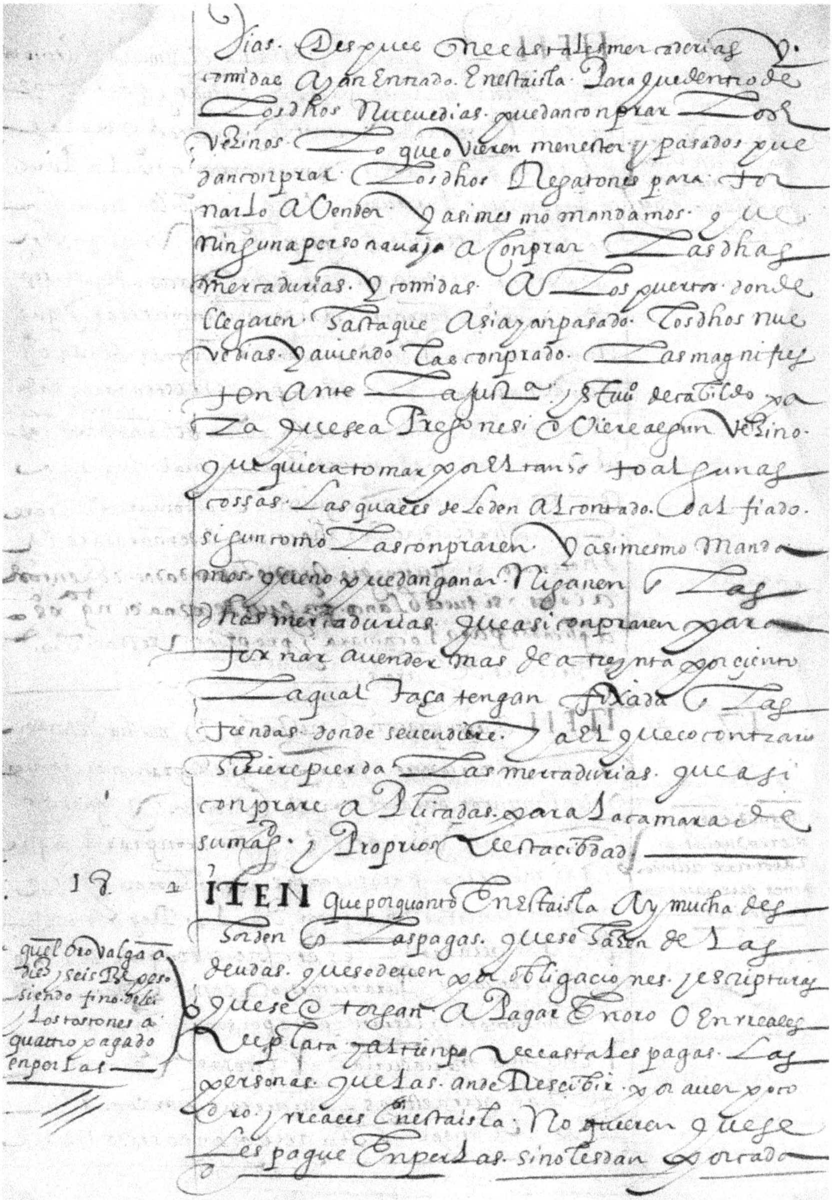

dias. Despues que se aya Vendido las mercaderias y
comidas q an Entrado En esta isla Para que dentro de
los dhos nueve dias quedan conprar los
vezinos lo que vieren menester y pasados que
dan conprar los dhos Regatones para tor
narlo a Vender y asimesmo mandamos q
ninguna persona vaya a Conprar las dhas
mercadurias y comidas a los puertos donde
llegaren hasta que asi ayan pasado los dhos nue
ve dias y auiendo las conprado las manifies
ten ante la justa y scrivº de cabildo pa
ra que se a pregones si viere algun vezino
que quiera tomar por el tanto todas algunas
cossas las quales se le den al contado o al fiado
segun como las conpraren y asimesmo manda
mos que [illegible] que de ganancia [illegible] las
dhas mercadurias que asi conpraren para
tornar a vender mas de a treynta por ciento
la qual taça tengan fixada en las
tiendas donde se vendiere y al que lo contrario
hiziere pierda las mercadurias que asi
conprare aplicadas para la camara de
su magd y propios desta ciudad

18 ITEN que por quanto En esta isla ay mucha des
orden en las pagas que se hazen de las
deudas que se deuen por obligaciones y escripturas
que se otorgan a pagar En oro o En reales
y es para el tiempo de las tales pagas las
personas que las an de rescibir por auer poco
oro y reales En esta isla no quieren que se
les pague En perlas sino les dan [illegible]

que el oro valga a diez y seis Rs. peso siendo fino de ley Los tostones a quatro pagado en perlas

Un peso de oro fino [illegible] reales y para
un real de a quattro cinco reales. Lo qual es de-
fraudado. El que así [illegible] da paga siendo cosa justa
y lícita que un peso de oro valga diez y seis reales y un
real de a quattro valga quatro reales en
perlas como se pagan. A la caxa real
de su magestad y de su real caxa se pagan los oficia-
les reales por no auer en esta isla otra
moneda corriente sino perlas y para remedio dello
ordenamos y mandamos que de aquí ade-
lante aunque las dichas escripturas y obliga-
ciones esten fechas a pagar en oro o en plata
y reales que [illegible] en [illegible] de perlas
como en esta isla [illegible] pagar a la
caxa real a cumplido y cumpla el tal deudor
y no sea apremiado a otra cosa y esté obligado
a rescibir el valor de cada peso de oro por
diez y seis reales de perlas y por cada real de
a quattro quatro reales de perlas que es este
es su justo valor y como por este cabildo está mandado
y apregonado lo propio se entienda en las
pagas de salarios que se siguen a los jueces de
comisión que vinieren de la Real Audien-
cia de Santo Domingo y de otra qualquier parte.
19 ITEN ordenamos y mandamos que de aquí
adelante ninguna persona traiga ara-
jos de yeguas ni manadas de cavallos en el valle
de la Margarita porque es sitio muy estrecho
donde ay muchas estancias y sementeras y no ay
pastos en el dicho valle y las dichas yeguas [illegible]

que en el valle de la Marg[arit]a no anden arajos de bestias

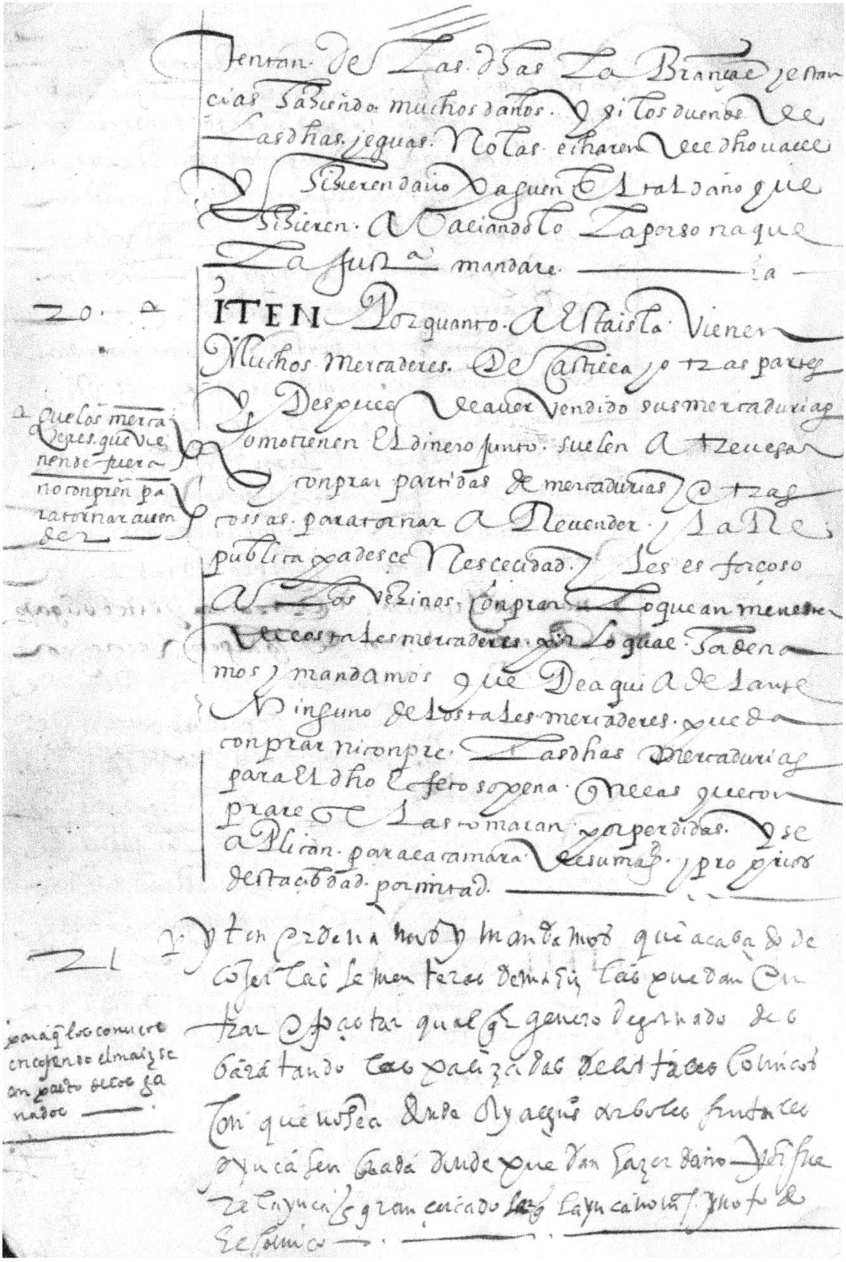

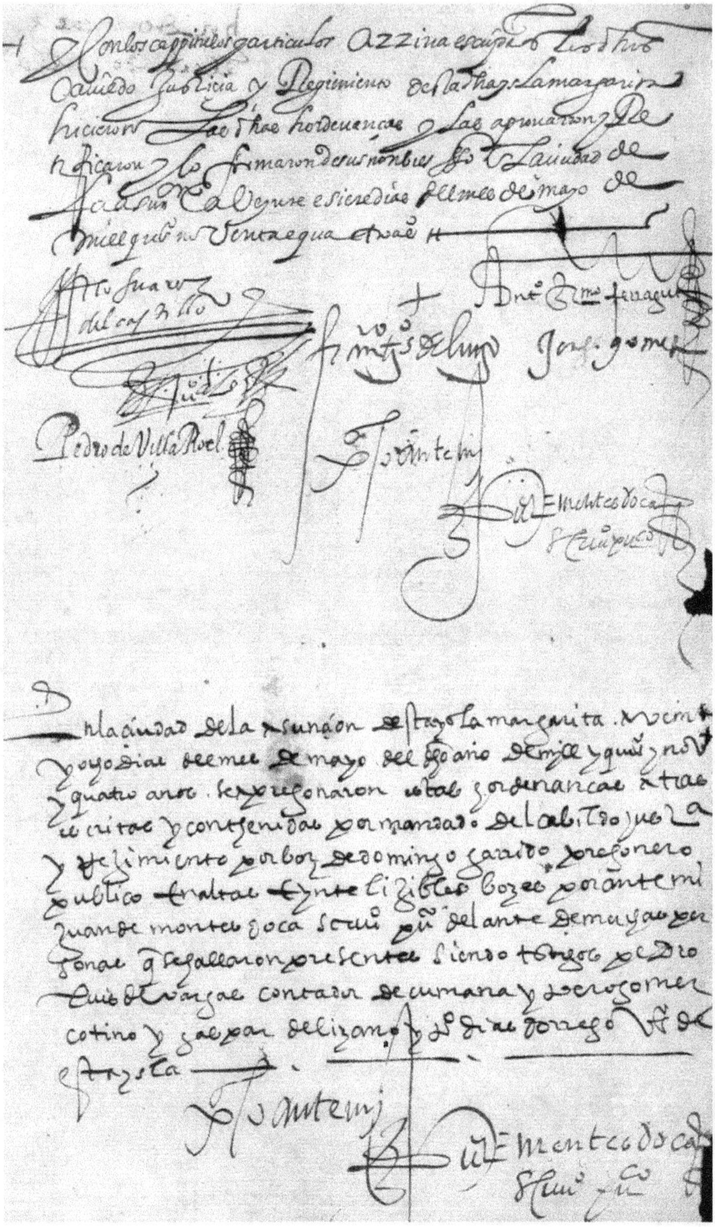

www.ingramcontent.com/pod-product-compliance
Lightning Source LLC
LaVergne TN
LVHW022113200926
848481LV00003B/1166
* 9 7 9 8 9 0 5 2 9 0 0 4 6 *